给孩子的第一本时间管理书

慧 海——著

当代中国出版社
Contemporary China Publishing House

2021年·北京

图书在版编目(CIP)数据

给孩子的第一本时间管理书 / 慧海著 . -- 北京：当代中国出版社，2021.3
ISBN 978-7-5154-1095-1

Ⅰ.①给… Ⅱ.①慧… Ⅲ.①时间—管理—儿童读物 Ⅳ.① C935-49

中国版本图书馆 CIP 数据核字（2021）第 006052 号

出 版 人	曹宏举
策划支持	华夏智库·张 杰
责任编辑	陈 莎 周显亮
责任校对	康 莹
出版统筹	周海霞
封面设计	尚世视觉
出版发行	当代中国出版社
地 址	北京市地安门西大街旌勇里 8 号
网 址	http://www.ddzg.net 邮箱：ddzgcbs@sina.com
邮政编码	100009
编 辑 部	（010）66572264 66572154 66572132 66572180
市 场 部	（010）66572281 66572161 66572157 83221785
印 刷	三河市长城印刷有限公司
开 本	710 毫米×1000 毫米 1/16
印 张	13.5 印张 153 千字
版 次	2021 年 3 月第 1 版
印 次	2021 年 3 月第 1 次印刷
定 价	48.00 元

版权所有，翻版必究；如有印装质量问题，请拨打（010）66572159 转出版部。

前 言

有孩子的家庭通常面临一个共同的问题,那就是孩子常磨磨蹭蹭,做事总是慢半拍。比如,早上起床需要家长催促很多次,写作业拖拖拉拉,吃饭时还要看着电视,很久吃不完,玩起电子游戏来没完没了。几经催促之后,家长不得不使出"河东狮吼"大法,让孩子在自己的"淫威"之下乖乖听话。但是,第二天的情形依旧是"昨日重现",旧的戏码又换个花样重新上演一遍。

家长的苦恼不言而喻,如何让这些"熊孩子"做事有条不紊,不再拖拖拉拉,真是让家长们伤透了脑筋。《给孩子的第一本时间管理书》正是为了解决家长的这些苦恼,从对孩子磨蹭的原因分析入手,通过培养孩子的时间意识、召开家庭会议、进行目标管理、训练微习惯、拟定时间管理表等实操性指导内容的介绍,告诉家长该如何让孩子精确利用每天的时间。

当然,在这个过程中,我们提醒家长,有效的时间管理中特别要注意培养孩子的注意力,以及控制孩子玩网络游戏的时间。最后,不得不指出,做好时间管理的重要驱动力乃是来自孩子的自主意识和成长型的思维模式,最终的目标是达到自我管理。

所以,让孩子认清现实的世界,懂得努力进取,建立自己的目标非常重要。这是孩子构建自己的社会适应能力的基础。当然,父母在孩子成长过程中扮演什么样的角色同样决定了孩子在时间管理方面能否取得有效的成果。

做一个合格的"陪跑"家长也不是那么容易的。

事实证明，那些时间管理做得好的孩子从小就有规律的作息，知道在什么时间点做什么事情，很小就拥有了自己的目标，会根据目标一步一步努力。那些成年后做事依然没有条理、总是不能按时完成任务的人并不是长大后才变成那样的，而是小时候就没有养成时间管理的习惯，不会用时间管理的思维待人处事，从而失去了很多机会和前进的动力。

所以，时间管理对于孩子来讲是一门越早学习越好的学问。那些婴儿时期就有很好的作息习惯的孩子更加自信，更有安全感，其父母也更加省心。同理，从小给孩子培养起时间管理的思维，那么孩子无论是学习还是生活都会更加有效率，而且，他们的心态也会更加积极进取，他们会对未来有预期，对下一步该怎么走更有把握。因为他们知道命运就掌握在自己手中。

目 录

第一章 学习时间管理越早越好

第一节 每一个磨蹭的孩子背后，都有一个唠叨的家长 / 2
第二节 孩子的时间管理，不只是时间管理 / 5
第三节 优秀的孩子时间管理做得好 / 10
第四节 婴儿时期的良好作息就是一种很好的时间管理 / 14

第二章 时间管理的准备工作

第一节 认识你的孩子——四种性格的孩子 / 20
第二节 针对磨蹭的原因，站在孩子的角度沟通问题 / 26
第三节 时间管理第一步——认识时间，培养孩子的时间意识 / 31
第四节 家庭会议让家长走进孩子的内心世界 / 34

第三章 时间管理的前提——目标管理

第一节 时间管理是让孩子自律，有内驱力 / 40
第二节 确定目标，落实到每天的行动中去 / 44
第三节 对孩子而言，人生的几件重要事情排序 / 48
第四节 如何给孩子制定目标 / 52
第五节 坚持和坚定是目标管理的关键 / 56

第四章 微习惯养成法与时间管理的关系

第一节 时间管理是一张网格，每一个微习惯填充一个格 / 60

第二节 每一个小目标都可以成为一个微习惯 / 64

第三节 制订适合孩子的微习惯计划 / 68

第四节 微习惯养成的七大原则 / 73

第五节 六项受益终身的好习惯成就自己 / 76

第五章 如何制定时间管理表

第一节 作息时间管理 / 80

第二节 作业时间管理 / 87

第三节 自由时间管理 / 92

第四节 特殊时段时间管理 / 96

第六章 30天时间管理训练法则

第一节 家长首先要调整自我 / 102

第二节 四周训练法养成流程 / 105

第三节 细分时间单位，让执行结果清晰明了 / 109

第四节 定期复盘总结经验，适当调整目标 / 113

第五节 赞美和奖励永远不嫌多 / 117

第七章 注意力管理

第一节 注意力不集中，时间管理效果将大打折扣 / 122

第二节 注意力不集中的三大原因 / 127

第三节 给孩子专注的环境和联合注意的陪伴 / 132

第四节 兴趣是最好的老师 / 137

第八章　游戏时间管理

第一节　网络游戏是魔鬼？/ 142
第二节　家长如何引导是关键 / 146
第三节　帮助孩子正确认识游戏 / 149
第四节　做好游戏时间管理 / 152
第五节　管理关键点：共同沟通，达成一致，坚定执行 / 156
第六节　游戏时间管理中几个有趣的方法 / 160

第九章　有意识地培养孩子适应社会的能力

第一节　给孩子犯错误的机会 / 164
第二节　让孩子认清世界的现实 / 168
第三节　将时间管理转化为行动的内驱力 / 173
第四节　毅力养成——将培养成的好习惯固化下来 / 177

第十章　家长如何成为合格的监督者

第一节　孩子 10 岁之前父母要做的三件事 / 184
第二节　测测你是哪种类型的妈妈 / 189
第三节　在陪跑过程中，家长应该做到 10 条 / 195
第四节　家长放轻松，孩子的路终归要他自己走 / 199

参考文献

第一章
学习时间管理越早越好

第一节　每一个磨蹭的孩子背后，都有一个唠叨的家长

有孩子的家庭，对话往往是这样的：

1. 早上，孩子洗漱太慢

妈妈说："快起床。"

孩子说："等会儿。"

妈妈说："你要迟到了，快去刷牙。"

孩子说："等会儿。"

妈妈说："你为什么这么磨蹭？为什么别人刷牙洗脸用几分钟，你却要用半个多小时？你怎么就快不起来？"

孩子很生气："妈妈你不要说啦！"

时光正好的早晨就这样以吵架结束。

2. 晚上，孩子写作业拖拖拉拉

妈妈说："作业写了吗？怎么还没动？"

孩子说："妈妈，给我喝点儿水，我渴了。"

妈妈说："水来了，快去写作业。"

孩子说："我去上厕所，上完就来。"

妈妈说:"抓紧写,一会儿还要练琴。"

孩子说:"怎么那么多事情,天哪,我怎么还有这么多作业。"

妈妈说:"那你倒是抓紧写啊。"

孩子说:"妈妈你能别唠叨了吗?"

3. 周末,孩子在玩游戏

妈妈说:"就玩一小时好吗?"

孩子说:"……"

妈妈说:"一小时到了,别玩了。"

孩子说:"等会儿,这局没打完。"

妈妈说:"又过10分钟了。"

孩子说:"再等会儿,快了。"

妈妈说:"怎么还没打完?到底什么时候结束?眼睛都要看瞎了。"

孩子说:"妈妈,我就快打完了,关键时刻,别说话!"

妈妈生气地说:"早就过一小时了,你怎么一点儿都不听话。"

孩子也生气地说:"就快打完了……完了,又输了!"

做家长的似乎总逃不开孩子磨蹭的难题。比如,有的孩子做事、做作业心不在焉,精力不集中,写着写着就停,不知在想什么,写作业时多余动作特别多,一会儿喝水,一会儿去厕所,一会儿又吃零食,大量时间被浪费掉。

还有的孩子好不容易坐下来学习,又觉得该歇一会儿。这样歇一会儿,玩一会儿,胡思乱想一会儿,一个小时便过去了。一想还剩下几分钟就到睡觉时间了,想今天就这样算了,明天再抓紧吧。第二天又反反复复,拖拖拉拉,把昨天的程序重复一遍。

这样的场景让家长头疼不已，因为孩子拖拉磨蹭会产生一连串的后续影响，主要体现在以下几个方面：

一是无法完成老师布置的作业，不能按时完成学习任务。

二是因为拖拉，学习效率不高，学习时间拖延，很多孩子往往到很晚才能做完功课，睡觉时间推迟，导致睡眠不足。久而久之，使孩子注意力分散，上课听讲不专心，甚至身体发育迟缓，等等，恶性循环。

三是行为拖拉严重影响孩子的自信心。他们考试的时候，由于有拖拉的习惯，不能在规定时间内完成答卷，直接影响学习成绩。

四是拖拉还会影响孩子潜能的发挥，这是家长最容易忽视的。人类大脑的新皮质层半球额部有一块皮层叫作大脑前额叶，被称为"脑中之脑"，大脑前额叶的功能之一就是帮助人们对事物作出判断。如果孩子做事拖拉，磨磨蹭蹭，没有执行力，那么他的注意力就无法集中，精力就无法集中，做事情就不能专注，将来孩子就不会有大的作为，而且这样的孩子可能对事情的判断会比较慢，还容易被周围人的意见影响，无法形成自己的观点。

有效的应对方法往往是让孩子"赶快去做"。而家长总是催促，甚至吼骂，却总是见效甚微，而且会陷入一种怪圈不能自拔。

因为当家长着急上火地催促孩子赶快去做的时候，孩子也会感觉很不耐烦，在这种沟通方式之下，双方的矛盾只会越来越大，从而影响亲子关系。其实，孩子也不知道该怎么做，总是由家长来帮助他们管理时间，久而久之，孩子就像算盘珠子似的，拨一下动一下，家长不催促，不唠叨，就不动弹。

由此，妈妈变成了唠叨的老妈子，孩子变成了叛逆的坏孩子！

第二节　孩子的时间管理，不只是时间管理

孩子的时间管理出现问题，究竟出在了哪里？父母要先从自身找原因。

是家长做得不够吗？是家长没有掌控好时间吗？还是孩子不会自己做时间管理？家长是否将自己太多的想法强加在孩子身上？当我们诚恳地对着孩子的眼睛说"爸爸妈妈这么做，都是为了帮助你"时，想一想，我们真的帮到孩子了吗？有没有问问孩子需不需要这样的帮助？

现在让我们换位思考，站在孩子的角度考虑问题。假如你是孩子，天天被爸爸妈妈跟在屁股后面催促，你会有什么感受？是不是感到很不爽，心情烦躁、压抑？推己及人，孩子也会有这样的感受。在这种情况下，孩子通常会有两种表现：一种是反抗，与父母对抗，但这样的结果往往会招致父母更严厉的训斥。另一种就是行为拖拉，磨磨蹭蹭——既然不愿意按照父母的要求去做，但又必须这样做，那就只能拖拖拉拉的，能拖一分钟是一分钟了。

通常，爱拖拉的孩子的父母都有一些共同的特点：性格急躁，脾气较为火爆，思维敏捷，处事果断，价值观水平高，期望值高，做事讲究效率，他们在教养孩子的方式上主要以说教为主，他们经常会说"你应该……""你必须……"等，使用这种权威式的教养方式完全没有尊重孩子的自身感受，只会让孩子感到不舒服，本能地对父母产生抗拒心理。

这是父母最容易犯的一个错误，就是在教育孩子的时候不考虑孩子的感受，比如，孩子说："妈妈，我好累，我想歇一会儿再写作业。"大多数家长一听孩子说不想写作业，立马会说："累什么累，你干什么了就累了？赶紧写，写完了再玩。"

这样否定孩子的结果就是激起孩子强烈的反抗。即便他迫于大人的压力去写作业，大多也是糊弄了事。这时候，如果我们能够理解孩子的需求，接纳孩子的情绪，对孩子说："你很累了，对吗？那就歇5分钟吧。"积极地肯定孩子的感受，让孩子休息5分钟，孩子写作业的效率反而会更高。换一种说话方式，效果会大不相同。

可见，孩子并不一定需要休息，孩子需要的是妈妈的理解、关心和接纳。一旦家长否定孩子的感受，气氛会立刻敌对起来。

还有一类父母一直在给孩子做不好的示范，做事犹豫，慢慢吞吞。本来答应孩子的事情一拖再拖，那就难怪孩子做事也拖拖拉拉的了。因此，给孩子树立良好的榜样是非常重要的。

如果你的孩子出现拖拉磨蹭的问题，不妨先从自己身上找原因。你是不是替孩子考虑得太多，管得太多，没有考虑孩子的感受，一直在推着孩子前进，这样的结果是孩子只能原地踏步，甚至是后退。

除了寻找家长方面的因素，也可以从孩子自身找原因，家长可以从以下几个方面考察孩子为什么磨蹭：

1. 孩子对学习不感兴趣

很多小孩玩电子游戏，玩乐高能玩一下午，但做作业只能坚持5分钟，这主要就是因为兴趣不高。孩子的学习积极性不高，学习兴趣低，每天都是在硬着头皮应付家长，在读书写作业的时候，总是拖拖拉拉。学习兴趣低，做作业变成一项为了应付家长和老师而不得不做的负担，体会不到学习的快乐。长此以往，会导致孩子学习成绩不好，就更没有自信心了。

还有的家长比较贪心,本来孩子快速做完作业可以去玩或者做自己喜欢的事情了,但是家长又给孩子布置了很多其他作业。孩子做得越快,布置的作业就越多。孩子知道,自己无论怎么做都得学习到很晚,没有自主的时间,自然不愿意,所以干脆边做边玩,这样反而可以少做一些。

2. 没有时间观念

这点在学龄前的孩子身上表现比较多,他们的时间概念比较模糊,不像成年人具有对时间的紧迫感。一般来讲,孩子不知道一件事情如果尽快做完之后会带来什么更好的结果,也并不知道做得慢会带来什么不好的结果。比如吃饭,成人都知道,不快点儿吃就凉了,吃完饭还有其他事要做,而孩子不会明白这么多,他不知道吃得慢一些究竟有什么问题。

再如,大人们知道,自己上班和孩子上幼儿园都不能迟到,而孩子则不然,爸爸妈妈上班和自己去幼儿园晚了,对他来讲都是无所谓的,他想的只是眼前的事情,这些都是由孩子的生理和心理特征决定的。诸如,一分钟是多长时间,一刻钟又有多长,吃一顿饭大概要花多长时间,孩子是没有概念的。

3. 注意力不集中

我们周围的环境深深影响着孩子注意力的发展。特别是小孩子,对周围事物都很好奇,自然喜欢追逐那些比较好玩的事情,有时候就会忘了自己正在做的事情。比如,正在写作业时,妈妈去开电视,他也想凑上去看两眼。本来要去刷牙,可是走到浴室发现有一池水,就欢快地玩起来,把刷牙的事情丢在一边。凡此种种,边干边玩,结果哪样事情也完不成、做不好。

4. 动作不熟练

有些孩子磨蹭是由于"心有余而力不足",心里想尽快完成,但是能力达不到。拿写作业来说，比较常见的不良情况是孩子对于知识点没有掌握清楚；字、词、文章内容记忆不清；题目训练不够多，熟练度不够高；注意力欠缺……

这些能力上的不足导致孩子缺乏学习积极性，很难高效率、快速地完成，只能选择磨磨蹭蹭拖延时间。

对于这类孩子，家长要注意从提高孩子能力方面入手，使孩子夯实学习的基础，比如写作业前让孩子多温习几遍今天学习的知识点，多记忆、背诵需要掌握的生字词。通过减少电子产品的使用次数等方法训练孩子的注意力。

在生活方面，培养比如穿衣服、洗漱等这些需要培养基本技能的习惯，需要给孩子时间，多训练，多鼓励，使其慢慢适应。如果不是孩子故意拖拖拉拉而是另有原因，则更需要得到父母的理解和帮助，而不是一味地催促和批评。

5. 缺乏自信心

有的孩子在做事情时缺乏足够的自信心，总是担心自己做不好，怕自己出错，所以做起事情来也是瞻前顾后，畏畏缩缩，速度自然快不了。然而越是担心，越是害怕，孩子的动作也就越慢。如果大人这时候再在一旁不断地责备、催促，孩子的自信心又会受到影响，行动不仅快不起来，反而会更慢。

还有一类孩子，他们天生慢性子。有一些幼儿明显地表现得比其他孩子动作慢，不论在什么情形下，不管做什么事情都慢，即便是有强烈的外界刺激，孩子依然我行我素，行动迟缓，慢条斯理，紧张不起来。这类孩子的神经类型往往属于相对安静而缓慢型，这是孩子一生都不太可能改变的先天气质。面对有这样气质的孩子，家长首先要接受这个事实，然后再想办法，慢慢帮其改变，更不能通过强加外部力量来促使孩子改变。

由此可见，不是家长管得不够多，做得不够多，而是没有让孩子亲自进行自我管理，孩子的接受都是被动的。无论是父母的原因还是孩子自身的原因，我们都可以把最终的问题归结于一点，那就是时间。孩子没有形成自主的时间管理内驱力，让分配在自己身上的一天 24 小时都白白浪费掉了。

本书的目的就是通过时间管理的训练让孩子找到"自我驱动"的钥匙，自觉、自律、高效地完成人生中的每一个任务。

第三节　优秀的孩子时间管理做得好

会管理时间的孩子做事效率高，不会管理时间的孩子学习到深夜也是徒劳。

有的父母认为，自己小时候学习就不好，孩子学习不好也是没办法的事。还有家长认为，自己就没上过什么大学，指望孩子金榜题名似乎也没有什么希望。

事实果真如此吗？"鸡窝里飞出金凤凰"的例子也很多，孩子优不优秀的关键点不只在于父母的学历、文凭、家庭环境。那其他的影响因素是什么呢？

日本作家中畑千弘曾经用12年时间，跟踪调查了5万多名儿童的学习行为模式，在科学对比分析大量第一手材料的基础上，为我们揭示了一个重要的信息：那些表现优秀、成绩优异的孩子都有一个共同的特点，就是他们在10岁之前已经具备了两个能力，一个是目标管理能力，一个是集中注意力的能力。

那些优秀的孩子和考上好学校的孩子并不会受到家长学习能力高低的影响，他们成功的原因是他们自己从小养成了良好的生活习惯。比如，每天坚持同一时间起床，同一时间吃饭，同一时间就寝，等等。他们从小就养成了有规律的生活习惯，从而每一件细微的事情都能做得更好，做事效率更高。

把对这两个能力和生活习惯的培养结合起来,就是在培养孩子时间管理能力,家长们只要从孩子的生活习惯入手,使其制定和建立起合理的时间管理表和学习行为模式,就能够让孩子早早进入优秀孩子的行列。这些习惯其实也是可以通过训练培养出来的。

先来看看一个时间管理的形象的例子。这是美国一名时间管理专家为商学院的学生们上课时做的一个小实验。他对那些自命不凡的学生说:"我们来做一个小小的实验。"说完就拿出一个一加仑的广口瓶放在桌子上。

然后他取出一堆拳头大小的石块,仔细地一块块放进玻璃瓶,直到快高出瓶口,再也放不下了,他问道:"瓶子满了吗?"所有的学生都回答:"满了。"

时间管理专家从桌子下面拿出一桶砾石,倒了进去,并敲击玻璃瓶使砾石填满石块的间隙。"现在瓶子满了吗?"他第二次问道。这一次学生有些明白了。"可能还没有。"有些学生回答。

专家从桌子下面拿出一桶沙子,开始慢慢倒进玻璃瓶。沙子填满了石块和砾石的所有间隙,他又一次问学生:"瓶子满了吗?""没满!"学生们大声说。

专家微微点头,然后拿过一壶水倒进玻璃瓶,直到水面与瓶口齐平,他抬头看看学生,问道:"这个例子说明了什么?"

一些心急的学生举手发言:"时间就像海绵里的水,只要你愿意挤,总是有的。"时间管理专家摇摇头:"这说明只有你先把大石头放进瓶子,你才可能放进小石头,再放沙子;如果一开始你放的就是沙子,那么瓶子很快就满了。所以在时间管理中,最要紧的是要先放大石头——那些对你来说非常重要的事情,然后才是小石头,最后才是沙子。"

时间管理专家为我们揭示了时间管理的秘密。很多家长都希望自己的孩子能够少上课外班，从而挤出更多的时间去接触大自然，跟小朋友们和谐交往。父母更希望让孩子们多睡觉，多晒太阳，多做游戏，留给孩子一个健康快乐的童年。

为了做到这些，帮助孩子进行时间管理，培养孩子的时间管理技能是必须的。那些能正确对待压力，做事效率高，能用最少的时间和精力达到最大目标，又能够自主学习的孩子，必将在学业中和以后的工作生活中具备更强大的优势，会跑得更快、更远。

时间管理，从字面意思来讲，其实管理的并不是时间，时间对每个人都是公平的，每人每天都只有24小时。不同的是，每个人管理自己时间的方式不同，从而对时间的把控不同。

首先，孩子管理的不是时间，而是自己。时间只是一个抽象的概念，它本身没有意义，我们看不见也摸不着。我们能想到的跟时间有关的东西有时钟、沙漏、太阳、影子、流水等。时间的概念是基于人们的生活需要而创造出来的主观的名词。那么，怎样才能管理一个抽象的概念呢？

世界是公平的，每个人的时间不多一分，也不少一秒。那么，如何才能管理时间？其实，我们要教给孩子的是如何管理自己，让他能够在有限的时间内合理安排自己该做的事情，让自己每一分、每一秒都过得充实、快乐。

其次，时间管理对孩子非常重要。

我们人类有三样东西，失去就不能挽回，一是时间，二是生命，三是爱。时间稍纵即逝，你说话的这一秒很快就变成了过去的一秒。我们只有跟上时间的脚步，珍惜现在，才能把握未来。所以，现在就行动，教孩子做好时间管理，使学习、生活更加高效吧。

教孩子学会时间管理，最重要的是把注意力放回自己身上。父母在理解、接纳孩子感受的基础上，跟孩子沟通，共同制定时间管理表，把目标管理、注意力管理、微习惯管理、游戏时间管理等需求通通融合进去，反复实践，从而达成最终的目标。

最后，要强调的是，儿童的时间管理和成人的时间管理目标是不同的。

对成人来讲，时间管理的目标是做更多的事情，但是对孩子来讲，其目标并不是为了做更多的作业或者看更多的书，而是有更多的时间可以玩。用大白话来说，就是"搞定一切还能玩儿"。

孩子，尤其是上了学的孩子真的很忙，各种各样的兴趣班充斥在他的生活当中，除此之外还有各式的作业。如果孩子的时间管理目标是让他多做一些事情，利用剩下的时间学习各种各样的东西，这样孩子能配合吗？

肯定不可以。但如果我们跟孩子说："咱们现在的目标就是搞定一切作业，然后你还能有自主的时间玩儿！"试想一下，这样孩子是否会配合呢？

很多家长教育孩子有一个误区，也犯过同样的错误，就是在孩子学习效率提高之后，会给孩子增加更多的学习负担，不让孩子有喘息的机会。且不说这样做的结果很有可能导致孩子继续延续磨蹭，还非常不利于孩子的健康发展。

实际上，玩，对于增强对孩子的教育力量是非常重要的，只不过我们都低估了玩耍对于孩子智力的提高、创造力的发展、社交能力的培养、领导力的培养等方面的重要作用。家长需要明白，一个只知道学习知识的孩子是没有什么后劲和前途的。

第四节　婴儿时期的良好作息就是一种很好的时间管理

时间管理可以从婴儿时期开始。

对于婴儿时期的作息管理,现实生活中的新手爸妈通常会持有两种观念。一种是满足论,认为0—1岁的小婴儿最要紧的是培养安全感和归属感,一定要针对不同类型的婴儿给予百分之百的满足,才能让孩子获得难能可贵的自信心;一种是作息论,即认为孩子从婴儿时期就应该遵循有规律的作息,以利于以后养成良好的时间观念和习惯。

比如,有的妈妈,在喂养孩子的过程中会遵循非常详细的时间安排。下面这张作息时间安排图可供大家参考:

7：00　起床,喝水,洗脸,把屎把尿,消毒奶瓶

8：00　吃饭,拍嗝,休息一会儿

8：30　晒太阳

9：00　睡觉

10：30　亲子游戏

12：00　吃饭,拍嗝,休息一会儿

13：00　睡觉

15：00　喝水,晒太阳

15∶30　亲子游戏

17∶00　吃饭，拍嗝，休息一会儿

17∶30　睡觉

19∶30　亲子游戏

20∶30　洗澡

21∶00　睡觉

那么问题来了，如果孩子在规定时间还没到的情况下就找吃的，该不该满足呢？如果孩子在亲子游戏的时间中突然感到不愉快，闹情绪，不想继续游戏，又该怎么办呢？我们还一定要按照作息时间上的内容严格执行吗？

其实，满足论和作息论并不冲突，家长之间完全可以达成一致。规律的作息对孩子心理上的安全感的建立是非常重要的。对于生理上的满足，我们在实行过程中，完全可以视当时的情况灵活运用，并不一定要生硬执行作息表，给孩子更多情绪上的抚慰是十分必要的。但是，大多数情况下，还是有必要给孩子制定固定的作息时间，这不仅能减少父母养育孩子的工作量，对孩子本身也有很多好处。

0—3岁的孩子只有本我。精神分析学派把人格分为本我、自我与超我三个部分，而孩子在0—3岁时恰恰只具有本我部分，也可以认为0—3岁的人与动物非常相似。

我们都知道驯兽师是如何让大象跳舞，让狮子钻火圈的。他们会先让动物饿上几天，再开始训练，当它们偶然间做对了动作马上给予食物，做错了动作便皮鞭伺候，这样动物受到了后天条件反射，或者说操作性条件反射的影响，便逐渐学会了一连串表演动作。

野生动物需要保护，这种训练方式并不值得我们称道，但有一点需要指出，0—3 岁儿童的行为习惯实际上和动物类似，是通过奖励训练出来的结果，这种习惯会让孩子受益一生。可惜，很多家长在孩子 0—3 岁时就迫不及待对其灌输各种知识，殊不知这是本末倒置，反而错过了孩子性格塑造和习惯培养的黄金时期。

在 3 岁之前，孩子的时间管理可以通过感官系统训练法来进行训练。我们要充分了解孩子在每个发育阶段的不同特征，根据孩子的发育情况进行作息的合理安排。

一方面，规律的作息会让孩子的生理循环正常进行，身体得到健康运转。另一方面，幼年的"严格作息"会在儿童潜意识中形成"情结"，为将来独立生存与发展打下良好的基础。可以说，时间管理对孩子是有益的，同时也可以减轻父母的负担，让生活变得更为从容放松。

在学校的时候，经常看到一些孩子不会抓紧时间，学习效率低下，我们总认为是其学习兴趣不足，其实更主要的原因，是他们没有在幼年时期接受时间管理的教育。而一个有过严格作息训练的人一定会在学业期间成为成绩优异的人，在工作的时候，最大程度地施展自己的才能，体现自己更大的价值。

3 岁前孩子时间管理的注意事项如下：

一是学会善于观察孩子。要勤于发现孩子身上的与众不同之处。世界上没有两片叶子是一样的，同样，世界上没有两个孩子是一样的。每个孩子对事物的关注点是不一样的。比如，有的孩子喜欢某件玩具，有的孩子则喜欢在树下乘凉。虽然很多时候父母听不懂孩子"咿咿呀呀"说些什么，但可以在孩子的行为中觉察到他们的需求和兴趣点。再比如，每个孩子的哄睡偏好都是不一样的，有的孩子喜欢听歌入睡，有的孩子喜欢摇摆入睡。如果家长掌握了孩子的这些规律，在孩子入睡前准备好孩子喜欢的乐曲或者在固定的时间先给孩子洗个澡，举行一个简单的入睡仪式，那么孩子会比想象中容易带得多。

二是在特定的时间做特定的事情。家长在养育孩子过程中可能会有一些不当的做法，比如为了让孩子尽快吃完奶，会想方设法一边逗孩子玩一边喂奶。很多孩子就因为有这种习惯，导致到三四岁时还不好好吃饭，把吃饭当成任务，把吃饭时做游戏当成理所当然的事。

其实，饥饿本身就是吃饭很好的内驱力，不要给孩子过多的外界刺激。一定要严格控制孩子的吃饭时间，养成良好的进食规律。游戏的时候不吃饭，吃饭的时候不游戏，也不玩玩具。这样不仅有利于孩子良好地进食，还有利于孩子专注力的培养。

三是要科学合理。这点很容易解释，我们的安排要符合科学规律，不能主观定制。比如，下午两点太阳最毒，就不适合孩子晒太阳；吃完饭之后不要马上洗澡；饭前饭后不要喝水，两餐之间可以适当补充水分。如果是混合喂养，可以先喝奶粉，再喝母乳，因为母乳的味道真的比奶粉好多了。

四是父母要坚持不懈。对于3岁之前孩子习惯的养成，还不能指望他们靠自律，一定是成人耐心陪跑的结果。坚持对于成人来说已经不容易，对于孩子更是如此。但是，孩子一旦养成了有规律的作息，就会找到一种生活的模式，这种熟悉的流程会让他们产生安全感。但是，很多时候，这种熟悉的模式化的东西的形成有赖于家长的不懈努力和不断的引导，不能强加给孩子，而要通过奖励的方式让他们学会遵守。

五是要注意安全。新闻报道中偶尔会爆出，因为妈妈的疏忽，将孩子留在泳池里，孩子因此溺水而亡的消息；还有的妈妈因为太累，睡觉时翻身将孩子压在身体下面都没有觉察，导致孩子窒息。家长在陪伴孩子成长的过程中，一定要遵循安全第一的原则。比如，晒太阳的时候也要注意来往车辆，确保孩子安全。孩子睡觉的时候，最好关上手机，不要让他们从睡梦中惊醒。凡是涉及安全问题的，即便再微小，都要考虑到，并且尽量避免问题。

六是按照实际情况随时调整。3岁之前的小孩，每个月的变化都非常大，而且在这36个月的成长过程中，会经历很多个第一次，也要经历人生中很多个敏感期。在此期间，孩子的进食频率、睡眠时间、睡眠时长、玩耍时间等都会有不同以往的变化。要根据这些变化及时调整我们的作息时间表。有时候我们会惊喜地发现，孩子在某一天突然就自己调整出新的时间作息了。孩子有了规律的作息，家长也可以从此自由安排自己的时间了。

接下来的章节内容我们将把重点放在4—18岁孩子的时间管理的问题上。你会看到，很多优秀孩子的特质是有共性的，那就是善于管理时间，这也是他们众多特质中非常突出的一点。

第二章
时间管理的准备工作

第一节　认识你的孩子——四种性格的孩子

接纳孩子是真正认识孩子的第一步。

做到真正接纳孩子其实并不容易，做父母的总是能挑出孩子的一堆"毛病"，并试图用各种方法把它们改过来，却往往徒劳无功。更有甚者，用"你太懒了""你太笨了""你怎么就这么不争气"等负面言语刺激孩子，结果孩子真就往这些方面发展了。

必须认识到的一点是，父母首先要接纳孩子，明白孩子不完美才是正常状态，不要拒绝接受孩子表现出来的毛病和坏情绪。如果以前尝试过很多次对孩子缺点进行指正，结果没有用，那就放弃它吧。不要总是对孩子催个不停，唠叨个不停，试着不用攻击性的语言去和孩子沟通，站在孩子的角度感受他们的感受。家长首先需要改变的是自己，是和孩子沟通的方式。

心平气和地想想，自己是不是也经常抱着手机磨蹭半天，是不是休息日也想睡够了才起床，甚至一直想赖在床上。追求舒适是人的惰性使然，孩子就更甚了。我们不能把自己都做不到的事情强加给孩子，让孩子做到。想想怎么给孩子树立个好榜样吧。

现在，是时候好好认识一下你们的孩子了。了解孩子的性格特点，善于发现孩子的优点，多鼓励和赞扬，多引导和启发，少批评责备，才是首先应该做的。以下观念中哪些是你已具备的了？它们很重要：

第二章 时间管理的准备工作

1. 没有孩子是完美的。
2. 孩子不是一张白纸。
3. 孩子不是父母的愿望寄托体。
4. 孩子生活在信息时代。
5. 孩子不是你攀比的工具。
6. 每个孩子都有自己的感受。
7. 尊重孩子的隐私权。
8. 关注孩子的心理健康。
9. 孩子逆反不是错。
10. 不能随意扣上"笨"的帽子。

事实上,孩子的性格各有不同,有的孩子天生具备领袖气质;有的孩子性格温和,处处替他人着想;有的孩子热情外向。在指导孩子进行时间管理之前,父母应该先了解孩子是什么性格类型,这样在和孩子沟通的过程中,双方才更容易达成一致,孩子才更容易接受父母的方式。

下面是一套检测孩子性格类型的测试题,让我们做做看吧,从下面给出的 A、B、C、D 四个选项中,勾出与你的孩子情况相符的项,看最终结果分布在哪个区的选项最多,孩子就更接近于哪种性格。

A
□ 能照顾他人的孩子王
□ 大方,心胸开阔
□ 值得信赖,不会拒绝他人的要求
□ 不善于发现自己的弱点
□ 多数场合都很活跃

- [ ] 有时候会指使别人做事
- [ ] 深得老师信赖
- [ ] 喜欢自立
- [ ] 经常成为小团体的领导
- [ ] 有时会努力挑战不可能

B

- [ ] 不会做自己不认可的事
- [ ] 按照自己的节奏做事
- [ ] 总是很冷静
- [ ] 对感兴趣的事情很有干劲
- [ ] 有自己的见解
- [ ] 经常不听别人的建议
- [ ] 热心研究
- [ ] 很像个小大人
- [ ] 不太懂得合作

C

- [ ] 有很多想法
- [ ] 性格开朗，精力旺盛
- [ ] 容易半途而废，就算制订了计划，也很难按部就班地坚持下去
- [ ] 好奇心旺盛
- [ ] 喜欢新鲜事物
- [ ] 喜欢说话
- [ ] 话题很丰富

第二章 时间管理的准备工作

☐ 有很多朋友
☐ 几乎没有烦恼
☐ 讲规矩

D
☐ 做事周到
☐ 倾向于为他人提供正面的支持
☐ 想要成为对别人有用的人
☐ 温柔
☐ 讨厌吵架和冲突
☐ 话不多
☐ 为了别人高兴,不惜委屈自己
☐ 容易被别人影响
☐ 不会痛快地说出"不"字
☐ 容易害羞

A、B、C、D分别代表了好孩子型、冷静型、大大咧咧型和沉稳型四种性格。

A型性格的孩子是朋友当中值得信赖的类型。孩子被别人依赖和需要的时候会很开心,如果某事是他自己的选择,他就会干劲十足。不过有时候,为了满足周围人的期待,他也会硬着头皮做一些自己做不到的事情。这类孩子的家长一定注意不要给孩子太大压力,可以给孩子说一些缓和压力的话,比如"你真的很努力了啊""没关系吧"。

面对A类型的孩子,父母可以明确告诉孩子他应该做什么,但是要懂得尊重孩子,不要催促他马上做,让孩子自己决定什么时间做什么事情。

父母可以和孩子一起商量制定时间管理表，把要做的事情写在纸上贴在显眼的地方。在鼓励自主开放的氛围中，让孩子愉快地执行所制订的计划。

为了确保孩子完成计划，父母要充分信任孩子，不要替孩子包办，可以问问"需要我帮什么忙吗"，表现出对孩子的尊重，不要插手，培养孩子为自己负责的责任感。

B型性格的孩子多数情况下比较冷静，当然，顽固并无理取闹的时候也是有的。但是，这种性格的孩子在行动之前通常会经过冷静的思考。一旦决定做什么事情，就会朝着目标不断努力。

对于B型性格的孩子，父母要注意观察，抓住孩子的兴趣点，引导孩子以兴趣为中心制订时间管理计划。冷静型性格的孩子特别注重"正确性"，为了达到完美可能会忽略时间，看上去没有时间意识。在这种情况下，父母可以给孩子一个具象的工具，比如手表或者计时器，帮助孩子在规定时间内完成计划。

作为父母，要在适当的时候提醒孩子"再过几分钟可以出发了"，"我们还有5分钟时间"，来适当催促孩子。因为孩子很容易把注意力放在眼前正在做的事情上，这时候要有意地培养孩子的时间意识。

C型性格的孩子比较开朗，大大咧咧，个性很活泼，精力十足。但是这种性格有个不足，就是容易半途而废，容易移情，不能长时间坚持做一件事情。这种孩子好奇心满满，总喜欢挑战很多事情，轻松自在的时候能发挥出很大的能量和潜力。

这种类型的孩子喜欢提出五花八门的想法。父母可以多向孩子发出"明天你要做什么呢""这件事应该怎么做比较好呢"这种引导性的提问，把解决问题的主动权交给孩子。这种孩子每天的兴趣点都不一样，要让孩子觉得每一天做的事情都不一样，让他对新的一天充满期待。

在督促该类型孩子执行计划的时候，父母要多鼓励，比如"今天要做一个魔术小实验,妈妈也很期待,让我们赶快开始吧",让孩子发现其中的乐趣,孩子自然会干劲儿十足。

D型性格的孩子,表面看起来比较成熟稳重,实际上是个非常温柔的人,喜欢帮助别人。一旦有人提出请求,就很乐意帮忙,就算不一定能做到也会尽力去做。所以家长要注意不给这类孩子太大的心理负担。

对于这种类型的孩子,父母可以多多请求他的帮助,把想要孩子做的事告诉他,让他用笔和本子记下来,告诉孩子怎么样做能够帮到自己。如果孩子顺利完成了,就在本子上奖励一朵小花。孩子会对自己的努力产生很大的成就感,以后做起事情来会更加积极。

父母可以对孩子说,"做完这件事情后,可以帮我这个忙吗",用请求帮助的语气引导孩子做事。只要你表现出需要帮助的样子,孩子就会积极伸出援手,这样便能够有针对性地培养孩子性格中的优势之处。

第二节　针对磨蹭的原因，站在孩子的角度沟通问题

在第一章，我们讲到了孩子磨蹭的原因，主要有父母包办得太多、孩子本身性格使然、对任何事没有兴趣、注意力不集中、没有时间观念、没有养成好的习惯这几个方面。

现在，我们站在孩子的角度分析这几条原因，换个角度思考，也许就能找到跟孩子高效沟通的路径。毕竟，时间管理的问题体现在行动上，其实是沟通问题，考验家长的情绪管理和儿童心理学知识的运用。

现在让我们做一回孩子，感受一下孩子的心声，感受下孩子在各种情形下的心理状态，找到更容易被孩子接受的沟通方式吧。

"反正爸爸妈妈会催我做，我就等着他们来催好了（父母包办）"的情形：

孩子：爸爸妈妈太唠叨了，我做什么事情都跟在我身后催呀催呀，我连喘息的时间都没有。其实，每天回来，如果妈妈不催着我写作业，我迟早也会去写作业的，因为如果不完成作业，老师会批评我的，多丢人啊。

现在我想玩一会儿我最喜欢的乐高再去练琴，可是妈妈又来催了。天啊，我才刚刚写完作业，就不能放松一会儿吗？我会在上床睡觉之前把琴练完的，我讨厌练琴。

我竟然忘了睡觉之前去上趟厕所，以前都是妈妈提醒我的，她今天没

回来,我倒觉得轻松很多。可是,很多事情我忘了做,以前都是妈妈催我做啊。

对父母沟通技巧的建议:

停止唠叨和包办吧,没有用,这样做只会让孩子更加依赖你。孩子能自己做的事情,一件一件逐步放手让孩子去做,让孩子去尝试。如果孩子长大之后还是没有动手能力,做事的时候就会变得慢吞吞,因为他们在接受一个新的知识,就连最简单的穿衣服、做饭或许之前都没有接触过,在学习的过程当中,自然会变得很慢。不亲自尝试的话,他们永远都找不到最正确或者最快速的方法。

"妈妈,我就是慢性气质(天生慢气质)"的情形:

孩子:

妈妈,我就是天生的慢性子,不管外界有什么强烈的刺激,我依然像只小蜗牛,慢吞吞。我喜欢不慌不忙做事的感觉。妈妈,如果你让我做事快一点儿,再快一点儿,我会无所适从。你总说我慢,是不是我不够好,我没有别人家的孩子优秀?

对父母沟通技巧的建议:

给行动慢的孩子留出充裕的提前的时间量。气质慢的孩子是天生慢性子,不能责怪,不能拿他和别人比较。父母在帮助孩子行动之前,应都预留出至少5分钟的提前时间量,这样好让孩子跟上别人的速度。虽然孩子的行动很慢,但是只有父母帮助孩子逐渐克服,使孩子能够跟得上,才能对孩子建立自信心起到最大帮助。

"我喜欢画画,为什么你非要我练琴(没有兴趣)"的情形:

孩子:

有时候我真的不知道该怎么做。在我尝试画画之前，妈妈你给我报了好多兴趣班，游泳、书法、围棋、轮滑、击剑、钢琴……可是我都不喜欢啊。但是，妈妈你认为小孩应该学一门乐器，于是天天让我练钢琴。

可是我对钢琴不感兴趣，我已经学了半年了，还是弹不出一首曲子，我对那些小蝌蚪，分不清哪个是哪个音。妈妈，我能学画画吗？练琴对我来说太痛苦了，我学不进去。妈妈你总说："你看隔壁那个大哥哥，钢琴弹得多好啊，都考十级了，考大学还加分了。"可是我不是他，妈妈，我只喜欢画画。

对父母沟通技巧的建议：

每一个孩子都会有自己的兴趣和爱好，要尊重孩子的选择。平时要注意多观察，孩子喜欢什么，擅长什么，根据孩子的喜好和所长给他们制订学习计划。千万不要把自己的意愿和经验强加在孩子身上。让孩子做他们擅长的事情，那往往更能让他们产生兴趣，更能让他们集中注意力去做，从而提高效率。如果不是孩子感兴趣的东西，再催多少遍，孩子没有内驱力，也是徒劳，他们只会磨磨蹭蹭，尽量推迟。

多问问孩子，"这样做你是不是更开心，更让你觉得有成就感"，"把你喜欢的事情跟爸爸妈妈分享一下吧"，让孩子自主选择。

"爸爸妈妈你们总打扰我做事，我不能集中注意力（注意力不集中）"的情形：

孩子：

我喜欢玩彩泥，今天我正在玩彩泥，想捏一个狐狸出来。狐狸怎么捏呢？应该有个尖尖的鼻头。是这样吗？正想着，妈妈打断我，说我把彩泥弄在衣服上，衣服脏了，让我小心点儿。我小心翼翼地弄走衣服上的彩泥，想不起来狐狸的鼻子该怎么捏了。

我的小狐狸还没捏完,妈妈又叫我去吃饭。妈妈,我好想完成我的小狐狸,然后再吃饭。可是你说吃完饭还要出门,再不吃,饭就凉了。我只好去吃饭,小狐狸最终还是没有完成。

妈妈,我捏彩泥的时候,你能不能别跟我说话,我可以不喝水不吃饭,静静坐在那里捏,你的关心只会让我心烦意乱,总是集中不起来注意力。

对父母沟通技巧的建议:

如果孩子找到了某件能专注做的事,一定不要贸然打断孩子。即便是孩子在玩耍的时候,也不要轻易打断他们。这是难得的训练专注力的好时机,可以晚点儿给孩子喝水、吃饭,也不要怕孩子弄脏衣服。只要是安全的,就放手让孩子去做,父母只在一旁静静地看着就好。当孩子提出需要帮助时,再去施以援手。

"妈妈你跟我说的一刻钟,到底是多长(没有时间意识)"的情形:

孩子:

妈妈你又生气了,说我没有遵守时间,说好的玩一刻钟,可是一刻钟过去了,我还在玩。你让我回家吃饭,我不想回去。可是,妈妈,我真的不知道一刻钟有多长。你为什么那么生气,你看我和悠悠刚才修的引水工程多有意思,难道你不喜欢吗?

妈妈,你能告诉我一刻钟是多长吗?是不是有学校的操场那么长?如果我绕着操场走一圈,是不是就是一刻钟了?下次,你能不能给我两刻钟,让我和悠悠多玩会儿。

对父母沟通技巧的建议:

很多时候父母忘记了孩子毕竟是孩子,特别是学龄前的孩子对于时间的概念是非常模糊的。这时候给孩子限定时间,要理解孩子有可能出现不能在规定时间完成任务的情况。在跟孩子沟通的过程中，试着解释清楚，5分钟、一刻钟大概能做多少事情。把一个时间段之内能做的任务量化。比如告诉孩子，一刻钟，可以从家走到车站。或者，一刻钟，可以和妈妈吃一顿午饭。再或者，一刻钟，可以唱4首歌。

"妈妈，我想先看iPad再写作业（不好的习惯）"的情形：

孩子：

妈妈，去学校就得看书学习，放学了还得写那么多作业，还要上辅导班，我都没时间玩。能不能让我先看一会儿iPad，就一会儿，我再写作业？

妈妈，这道题我不会，你给我讲一下吧。

妈妈，让我边吃边看嘛，我就只有吃饭的时候有空，吃完饭还得接着写作业呢。

对父母沟通技巧的建议：

父母要学会辨别孩子在生活中有哪些习惯是好的习惯，哪些是不好的习惯。比如，边吃饭边看电视就不是好习惯。先写完作业再去玩就是好习惯。给孩子定个小目标，从养成小的好习惯开始，逐步规范生活，直到养成有规律的学习和生活习惯，才能更高效。

当发现孩子有不好的习惯时，父母要以身作则，不能只要求孩子改掉坏毛病。比如，吃饭的时候关掉电视，谁都不要看。孩子写作业时，家长也要做出学习的状态，而不是懒懒散散，只顾玩手机或者玩游戏。

第三节 时间管理第一步——认识时间,培养孩子的时间意识

很多时候,做家长的并不理解很多孩子并不知道1分钟和10分钟的区别,确切地讲,孩子们实际上对时间的具体时长没有一个清晰的感知。那么,在和孩子约定时间的时候,难免会出现沟通上的错误。

以下这些场景,家长们并不陌生。

场景一:7岁的阳阳和妈妈最近都有点儿小烦恼。周日是舅舅生日,阳阳要去辅导机构补习英语,5点下课。他和妈妈约定5点半在楼下停车场碰面,可直到6点才姗姗来迟。妈妈一问,阳阳居然一直在和同学玩五子棋,于是立刻责备他贪玩不守时。阳阳有点儿委屈:"迟到确实不对,可我不是贪玩,我真的不知道半小时过得这么快。"听到孩子辩解,妈妈火气更大:"明明就是贪玩,还狡辩!"母子大战一触即发。

场景二:在公园的儿童游乐区,妈妈正在催5岁的乐乐回家吃饭。可是乐乐刚轮上玩秋千,一定要多玩一会儿。妈妈只好和乐乐约定,再玩5分钟就回家。可是5分钟过去了,乐乐依然不放弃玩秋千,而且哭着说时间还没到呢。妈妈只好强行将乐乐带走,乐乐因此又哭又闹。

一天有24小时,一小时有60分钟。可一个小时究竟有多长,10分钟我们能做多少事,不少孩子真的没有概念。有时候,孩子做出拖延行为并不代表他贪玩,而是他真的不能准确估算时间长短。

认知心理学认为,每个人的时间观念与自身的时间知觉密切相关。时

间知觉即人对事情发生的顺序性（时间顺序）和持续性（时间长短）的直觉反应，这种直觉反应是随着生活经验的积累发展而成的。比如，我们常常发现孩子分不清事情的轻重缓急，早上起床不是先刷牙洗脸而是玩玩具，也分不清"昨天""今天""明天"的顺序，这就是孩子在时间顺序直觉反应上较弱的体现。

心理学家曾将6—14岁的儿童分组进行时长估计实验，即测试他们对时间长短的直觉反应，结果表明：6—7岁的儿童对短时间的估计不够准确，多变且不稳定。8—14岁的孩子对短时间的估计比较准确，时间观念已渐趋稳定。6岁的孩子对时间不能准确估计，6岁以前的孩子对时间的感觉更不准确。孩子因为不能准确感觉时间，所以当家长说"你已经玩了一小时"的时候，孩子们只会觉得并不久，说"还想玩"。

因此，感知时间，培养孩子的时间意识至关重要。

我们可以通过以下方法来帮助孩子认识时间：

首先，要教孩子认识时钟和时间，并把具体的时间点和日常的生活，也就是孩子的行动联系起来。通常来讲，小学一年级的孩子就已经在课堂上通过对时钟的学习掌握了认识时间的方法。这时候，家长可以更进一步，给每一个时间点赋予一项具体的任务动作，让孩子知道这个时间点该干什么。（见下图2-1）

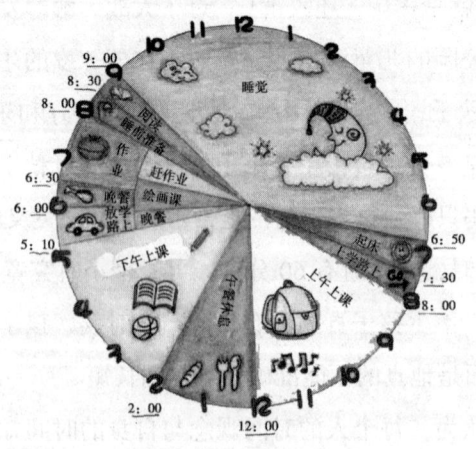

图2-1 时间分配图

第二章　时间管理的准备工作

画出这样的时间任务图谱,孩子在哪个节点该干什么一目了然。当然,首先家里得有个时钟。

对于那些学龄前的孩子,还看不懂时钟,分不清时针、分针和秒针,可以试着给孩子准备一个电子时钟,画一幅电子时钟的任务图谱,即便是孩子还不能完全看懂,也会在这个过程中慢慢树立起孩子的时间意识。

其次,是把时长具体化。知道了几点该干什么,孩子还是不知道5分钟是多长该怎么办?这时候就需要把时间的长度具体化,因为时间毕竟是个抽象的概念。

孩子是使用具体形象思维的,可以用他们熟悉的内容去对应解释时间长短。比如:10分钟就是我们从家走到学校的时间,10分钟就是我们玩一场桌游的时间,10分钟就是妈妈给你读两个故事的时间……这一招对于年龄较小的孩子更为适用。利用闹铃锻炼孩子的时间管理能力和专注力也是很有效的。现在有很多闹铃都很有视觉冲击感,可以放一个在孩子桌上,设置好时间,时间到了,他们可以选择继续还是停下来休息。这样做不仅把任务分段,还让孩子有选择的权利。

最后,是给任务排序。孩子在执行规定时间内的任务时,还有一个比较常见的困惑是分不清任务的轻重缓急和先后顺序,不知道哪个重要,是应该先完成的,哪个是不重要的,还有哪些是不必要完成的。所以,家长一定要帮助孩子了解各个任务的先后顺序。

最好是和孩子制作任务卡片,在执行之前,和孩子一起商量讨论今天需要完成哪些任务,然后和孩子讨论任务的先后顺序。什么是重要的、紧迫的事情,需要先完成,什么事情可以等一等,排在后面。任务先后顺序是时间管理中非常重要的一个维度内容。如果我们用不重要的小事情填满我们的生活,那重要的事情就没有足够的时间完成了。

第四节　家庭会议让家长走进孩子的内心世界

家庭会议其实是正面管教的重要内容，但这种方式和时间管理有着密切的联系。因为在我们后面要讲的目标管理、注意力管理、微习惯的养成以及游戏时间的管理等内容中，都需要家庭会议的参与。

如果你列出一个家庭会议的议题清单，会发现其实时间管理常常是家庭会议的一个重要内容，我们在和孩子沟通的过程中，几乎逃不开时间管理的议题。

好的家庭会议能为家庭成员、为孩子营造一个民主、和谐的氛围，通过每周或者每月的固定程序展开讨论，可以帮助孩子解决在时间管理过程中出现的漏洞、疏忽以及需要改进的问题，帮助孩子调整任务，确立新的目标，订立奖励方式，等等。这种定期复盘可以帮助我们在实行时间管理的过程中巩固所取得的成果，鼓励、引导孩子不断坚持，直到养成自我管理的习惯。

本文提到的家庭会议是美国正面管教体系的创始人简·尼尔森在他的《正面管教》一书中提及的内容。在此，我们将把时间管理的内容贯穿到这一流程中，指导家长如何利用家庭会议引导孩子和巩固阶段成果。

1. 致谢

致谢的意义其实是紧密家庭成员之间的联系。与常规的工作会议不同的是，这里的致谢真心实意，不是客套式的。不是虚假的、笼统的谢谢，而是真心实意的细节感谢、具体感谢。比如，"谢谢爸爸妈妈上周陪我去动物园，还买了我期盼的玩具枪"。父母也可以谢谢孩子，比如，"谢谢宝贝在妈妈身边安静地学习，没有打扰妈妈的工作"。

2. 选择议题

可以是孩子和父母各自准备，提前写出来，于会议前一天定下来。可以写在家庭成员都能看到的小黑板上。那么，就或许出现这样一种情况：周一时，孩子提出来一个议题（即需要解决的问题），写在小黑板上，周二、周三的时候，孩子已经解决了。——这个过程中，其实也是在培养和锻炼孩子处理问题、解决问题的意识和能力。

家长和孩子都可以找出时间管理过程中遇到的问题，放在家庭会议的议题中留待讨论，商量解决办法。比如，家长可能认为孩子在执行过程中没有贯彻到底，或者没有坚持下来，有的地方没有做到。而孩子也有可能觉得有些任务安排得有点儿多，比想象中完成起来困难，需要调整任务量，等等。但要注意的是，尽量挑最重要的事情作为议题，而且一次家庭会议不要安排过多议题，争取一次解决一个问题，坚持下来就是很大的进步了。

3. 头脑风暴

家庭会议不是批斗大会，否则孩子很容易从接受变成反感。在开会过程中，家庭成员只说如何解决问题的建议、方法，不讨论是谁造成这个问题，不追究原因，不去归罪于谁。我们可以讨论时间管理取得的阶段性成果，指出还有什么没有做到。但头脑风暴的真正目的，是提出解决问题的方法，来促成最终目标的达成。

注意，一定要尊重孩子的想法，认真倾听孩子的意见，让孩子知道他的意见是被重视的，他才有可能说出自己真正的心声和顾虑。

4. 会议结束

会议可以选择在家庭聚餐之前或者在氛围温馨的酒吧或饭店举行，会议结束后，家庭成员一起活动、吃饭或者玩乐。这一项集体活动是强化"致谢"环节的，可以加强家庭成员之间的亲密关系。

会前分工：需要一个主持人，一个记录员，还有一个计时员。

主持人可以是家庭成员中的任何一位，也可以轮流担当。如果是第一次举行家庭会议，不如把主持人的任务交给父母中的一方，让所有人先熟悉一下流程。

记录员需要将整个会议的内容记录下来，特别在头脑风暴环节，要记清楚每一位家庭成员的建议，然后把大家认可的可以实施的建议标记出来，以便日后监督。

计时员不是必须有的，但还是要注意控制好家庭会议的时间，最好在半小时以内，以免孩子产生厌倦心理，同时也影响会议的效率。

家庭会议的流程大体如下：

1. 开场致辞

每次家庭会议都要从每个人向家中其他人致谢开始。可以致谢也可以感激，让每个人说出一件让自己感动的事情，也有助于我们想到，原来有那么多我们通常认为理所当然的事情需要我们去感激。

一开始致谢可能会觉得别扭，但慢慢就会觉得自然了。致谢环节可以让每位家庭成员感受到归属感和价值感，孩子们可以学会成为"好人好事的发现者"，培养其善于发现别人优点的眼光。

2. 上周议题总结

主持人可以代表总结一下上周的议题跟进的效果情况。哪些做到了，哪些没做到，哪些做得很好，哪些还需要改进。表扬和鼓励孩子做得好的地方，一定要以具体的事情和行动鼓励，绝不能仅仅是口头的赞美。

记住,每一位家庭成员都要做自我总结,其他成员要给这位成员提出建议。对此,父母要为孩子做出榜样,认真总结分析自己在上周的成果,可以是生活上的,也可以是工作上的。让孩子看到家长一周的时间安排,要做多少工作,这些工作是怎么完成的。这是一个很好的展示机会,让孩子看到家长的努力,而不仅仅是让孩子总结。

3. 讨论本周议题

提出一个需要大家一起商量的问题。记得每次只讨论一个问题就好,以免给大家带来压力感。一开始可以是一些轻松的问题,以便把举办家庭会议的好习惯保持下来。比如说:"周末我们去哪里玩呀?"以免让孩子觉得家庭会议只是针对自己改掉坏毛病的会议。

讨论问题的时候,大家开始头脑风暴,给出各自的建议,最后选择一个大家都认可的建议去实施。不能使每个人都同意时,主持人要适当地引导,实在不行可以放弃这个议题。就算是一次失败的议题讨论,也是一次学习的机会。

要虚心听取孩子的建议,用平常心下的行为对孩子提出的问题进行反馈,诚恳地为孩子考虑,提出思考和想法,切忌用命令和轻蔑的口吻跟孩子讨论。在这个过程中,所有人都是平等的,要让孩子感觉到自己是被尊重的。

4. 家庭活动

提前设计一些大家都喜欢参与的家庭活动,营造一个温馨的气氛,这样孩子更愿意与父母合作。当孩子和父母的意见相左,产生冲突时,家庭活动也能缓和讨论过程中的不愉快,建立彼此更深层次的感情交流,让孩子感觉到父母的爱意。

这种家庭活动可以是一起玩飞行棋,做一些有趣的猜谜游戏,或者出一些脑筋急转弯,等等。

5. 适当加入家务劳动的讨论并将之常规化

家务劳动其实也和时间管理相关。在后面的时间管理表和微习惯养成的内容中，我们将对家务劳动的习惯养成和管理做一一介绍。在家庭会议环节，家务劳动的任务量、时间、频率等内容都要列入家庭成员讨论的清单。会做家务的孩子能力更高，并且在家务劳动中，能渐渐训练其统筹安排时间的能力。

孩子 3 岁以后，就可以给孩子适当安排不同的家务劳动了。安排每天在什么时间做什么家务劳动，可以一个时间只安排一项固定的任务，不要安排太多，除非孩子愿意承担更多。

第三章
时间管理的前提——目标管理

第一节　时间管理是让孩子自律，有内驱力

自律才能自由。

不自律的孩子会失去别人的信任。守时是自律的重要内容，也是社会诚信的表现和基本行为规范。自律可以让我们在规定的时间内完成约定的任务，提高工作效率。

能够做到自律才是负责任的表现，值得社会和同伴的信任，才能帮助孩子赢得周围朋友和大人的尊重，以后在社会上会得到更多工作机会。

家长会认为，孩子还这么小，距离走上社会的时间还长着呢，现在说自律会不会太早？其实，自律和学习文化课一样重要，将会影响孩子一生，从多小开始培养都不晚。

"我家孩子才6岁，什么也不懂。""这么小怎么能要求他做那么多？"当家长说这些的时候，孩子不知不觉就已经长大了。

也有些家长会给孩子制定一大堆学习计划表，但实际上，孩子可能顶多执行了一周就放弃了。这部分家长就会说孩子很难自律，想认输。其实不是，如果家长们看看自己，就会明白，真正缺乏自律的不是孩子。

家长说着要减肥，可能第一天跑了10公里，第二天跑了5公里，第三天直接宣布放弃。家长们可能就会想：是电视不好看吗？还是手机不好玩？为什么要间歇性地去找虐？家长们做不到持之以恒，孩子们自然也无法坚持。

第三章 时间管理的前提——目标管理

如果一个孩子养不成自律的品质，表面看上去似乎很自由，想什么时候干什么就干什么。实际上真是这样吗？最有可能的结果是，最重要的事情或者紧急的事情一样也没做好，还把自己想做的事情搞砸了。

有名的衡水中学校规在有些人看来有点儿变态，要求女生不能留长发，不能带没有列入许可范围的水果，甚至是父母来学校看孩子都要提前申请。很多人都说，学生根本不是入学，是"入狱"。而有些学生却觉得这样挺好，少了很多干扰因素，可以一心搞学习了。这就是校规的自律换来学习的自由时间。

同理，孩子只有对重要的、必须的和紧急的任务在时间安排上做到自律，才能真正享受剩余时间想做什么就做什么的自由。

那么，如何做到自律呢？

网上曾经流传清华学霸马冬晗的作息时间表。从周一到周日，每天都排得密密麻麻，时间安排非常紧凑，从早上6点起床开始，到晚上11点之后睡觉，每一个时间段都安排有事情做：锻炼身体，预习功课，背单词，听CNN，复习……即便进入了清华，依旧是按照高中的作息来严格要求自己。

学霸的自律和时间管理紧密联系在一起。对于我们的孩子，应该怎样让他们做到自律呢？

首先，要定好规矩，以身作则。如果觉得孩子缺乏自律，就定好规矩。身边有这样一位朋友的孩子，很聪明，但是很懒散。这孩子喜欢钻研数理化，他便时常在语文课上写数学作业，在英语课上写化学作业。后来老师找来我这位朋友，指出问题所在。这位朋友和孩子约法三章，让他在什么时间段做什么事情，定好规矩。朋友还以身作则，给孩子树立榜样，后来这个孩子的语文作文还获过奖。

其实很多规矩是家长定下的，也是家长先破坏的。父母是孩子的榜样，父母怎么做，孩子就怎么学。

其次，要鼓励孩子努力。很多时候，家长们会说："我家孩子挺聪明的，就是太懒散了。""孩子只要在大事上不糊涂，小事就随他去吧。"其实不对，要让孩子知道，聪明和努力，往往是努力更加重要。

孩子进步了，家长首先应该肯定孩子的进步。在表扬孩子时，一定要重点表扬孩子后天的努力。要让孩子知道，天赋再高，没有努力也是白费。努力是终身需要的品质。

再次，要激发孩子的内驱力。每个人都有惰性，家长有，孩子也有。现在大部分父母都是给孩子制定一大堆条条框框的东西，孩子只管执行就好，这属于使孩子被动接受的约束。而让孩子自己给自己制定规则再去遵守，他内心会有一种责任感和使命感，家长只起到监督作用，而不是主导作用。

这就需要孩子拥有行动的动机，即内驱力。要让孩子知道自己想要成为什么样的人，在人生的每一个阶段应该怎么去做，最终的目标是什么，而不是以自由为名浑浑噩噩度过。这就是我们下一节要讨论的，培养孩子的目标意识，引导孩子进行目标管理。

康德说："所谓自由，不是随心所欲，而是自我主宰。"有目标的人才能走得更远。

美国哈佛大学的心理学家曾经对一群年轻人进行过长时间的追踪调查。这些人的年龄、智力和家庭背景极其相似，明显不同的是他们的生活目标。在这些人中，27%的人没有生活目标，60%的人只有模糊不清的生活目标，10%的人有清晰的生活目标，3%的人有非常明确、坚定不移的生活目标。

25年后，心理学家对这些人进行调查，结果表明，那些没有生活目标的人大多生活在最底层。生活目标模糊不清的人大多生活在社会的中层，如公务员、医生、教师等。而那些生活目标非常明确、坚定不移的人，大多数都成为各行各业的顶尖人物。

所以，让孩子具有目标意识，并且以目标为导向去行动是非常重要的。但是在这里要重点强调的是，一定要帮助孩子建立正确的人生目标。记住是"正确"二字。

因为在时间管理过程中，往往会出现两个误区。第一个是为了时间管理而管理，没有找到自己想要实现的目标。这样的自律就像是在填一个深不见底的大坑，遥遥无期，极其痛苦。在追求自律的过程中，孩子感受到的不是成功的希望，而是痛苦。到最后只知道机械地按照时间管理表上的任务执行，却不知道这么做是为什么。久而久之会失去行动的动力，甚至干脆放弃。另一个误区是所做的一切为的是一个错误的目标，结果自律的行动只会让孩子在错误的路上越走越远，最终导致灾难性的结果。就像我们前面提到过的那个爱画画的孩子，他的妈妈非要他学钢琴，结果半年下来，他不但钢琴技能没有提升，反而对音乐的兴趣都被消耗没了。

第二节　确定目标，落实到每天的行动中去

想要检验一个孩子小时候是否具有极强的学习能力，我们假设一个月之后有一项重要的科目要考试，这个科目要学习的东西有100页，需要在一个月内复习完。

优秀的孩子往往首先做的是，计算一天应该复习多少内容，必要的话，还要留出最后复习第二遍的时间。

但是，那些没有通过考试的孩子的状态往往是这样的：刚开始学习的时候，并不给自己制定每天需要复习的量，甚至并不打算开始复习。等过了两三天，问起他们这几天都干了什么时，他们总是回答："还早着呢，到时候再说吧。"

结果两周以后再问他，"半个月啦，你复习得怎么样了啊？有没有问题啊？"他依然不紧不慢地回答："没问题啊，不是还有半个月吗？"其实，如果这个时候100页的内容还没有复习到一半，考试可能就有麻烦了，可是他还没有意识到。

最后，只剩下一周时间时，他终于意识到该复习了。但是为时已晚，现在复习也不会拿到合格的成绩，于是干脆放弃。

那些考试通过的孩子，早就计算好了每天要复习的时间和内容，等到考试的前一天，全部完成复习，从而取得不错的成绩。

究其原因，是优秀的孩子有一个共同点，他们都有一个自生的"目标

管理系统",他们会给自己制定目标,然后把这些目标划分成每一天每一小时的小目标、小任务,然后按照时间管理表的规划,一步一步按时完成每一步小目标,直到最后完成整个任务。这种目标管理体系的建立能力是从小就培养起来的。如果没有,孩子长大后只会落于人后,跟不上时代的步伐。

小孩子进行目标管理要从爸爸妈妈的耐心训练和引导开始。

著名心理学家班杜拉曾经做过一个实验:他让一群7—10岁的孩子参加一项特色课程,这个课程需要孩子上7节课,总共需要做42页的算术练习题。

他把孩子随机分为三组:近期目标组、远期目标组和无目标组。

近期目标组的孩子每天都有一个目标,每节课结束后都至少做6页的练习题。远期目标组的孩子等7节课结束后再完成42道题目。而无目标组的孩子只上课,不对其进行任何目标设置。

7节课结束后,项目研究组给三组学生进行了测试。结果发现,近期目标组的学生成绩最好,他们学得更好、更快,面对难题时,他们坚持得也更为持久。远期目标组和无目标组成绩差不多。近期目标组的学生因为每天都可以实现自己的目标,而能逐渐增强他们的自信心和自我效能感。

可见,目标对孩子来说有多么重要。

确定目标对孩子有很多好处。

一是可以强化孩子的自制力。当孩子制定一个目标时,他总会不由自主地想要去完成,这就需要他朝着那个方向去努力,自觉按照计划去做,自制力就会得到提升。

所以有清晰目标的人知道自己想要成为什么样的人,把目标写在纸上,不断激励自己,制订清晰的计划,每天都有任务要完成,做事情专注而努力。相反,没有目标的人,每天不知道自己要干些啥,稀里糊涂,三心二意，态度消极，得过且过。

二是可以调动孩子的积极性。目标是战胜懒惰，成为自主的、积极而努力的人。目标的不断实现对孩子自信心、积极性的增强会带来巨大的帮助，让他更有勇气去积极实现更大的目标。

三是可以为孩子创造快乐，增强成就感。孩子通过一个小目标的实现会感受到快乐，这个感觉是任何物质都无法取代的。小目标的不断实现会对孩子自信心的增强带来巨大的帮助，让他更有勇气实现更大的目标。

四是可以开发孩子的潜能。有了清晰的目标，孩子才能集中精力，汇聚自己的能量在一个焦点上，潜能就容易被激发出来。

五是最终帮助孩子走向成功。孩子有了目标，就知道要往哪里去，专注于一个目标，坚持到底，这样孩子比较容易取得成功。清晰的目标就像一座灯塔，指引孩子乘风破浪，到达胜利的彼岸。

以下为三个目标管理的成功案例。

案例一：制定暑假计划表

对于即将进入中学的学生亮亮来说，这个暑假过得必定非常欢愉又充满挑战和新奇。欢愉的是，紧张的小升初学科考试终于结束，紧张的复习阶段已经过去，亮亮可以身心放松地迎接这漫长的假期了。充满挑战和新奇的是，暑假结束后，即将到来的初中生活将远比小学生活更加忙碌，该如何适应新的生活和学习？

于是，亮亮制作了一份兼顾学习和度假的时间规划表，把暑假的每一天都安排得充实而有趣。在这个时间规划中，他不仅明确了度假的时间，还规划了阅读、运动和学习的时间。

爸爸妈妈也以身作则，把自己的计划写好，连同亮亮的计划一起贴在冰箱上，以便每天提醒自己。

一个暑假过去，亮亮不仅得到了充分的休息，而且对初中科目也做了充分了解,并选择了感兴趣的部分提前自学。有了时间规划表,他学习起来更加积极了。暑假的时间一点儿也没有浪费。

案例二:树立明确具体的目标

小区里的两个孩子 A 和 B,两个孩子的父母都非常注意孩子的学习和教育问题,并且都采取了奖励机制鼓励孩子进步。但是,两个孩子在同样的方法教育、同样的老师教导下,月考成绩却有很大的差距。A 的成绩只提高 5 分,B 的成绩却提高了 20 多分。孩子 A 的父母就郁闷了,这是为什么呢?

来看看明确的和不明确的目标对孩子的影响有多大吧。孩子 A 的妈妈只是简单地告诉他:"只要比上次有进步,妈妈就会奖励你一件玩具。"孩子 B 的父母却告诉孩子要有一定的目标,这个月成绩如果提高 10 分,将会得到什么奖励,提高到 20 分又有怎样的奖励,这个学期的总目标是提高多少分,争取在班内达到的名次是多少。相比 A 的父母,B 的父母给孩子定的目标更具体更清晰,孩子的目标感更强,实行目标管理的效果就会大不相同。

案例三:将目标化整为零

如果能正确处理目标,将目标化整为零,并坚持做到,学龄前儿童也能在一年内掌握上千个单词。朋友的宝宝从两岁开始就有意识地学习英语。这位朋友将 1200 个单词细分了一下,一年 12 个月,分到每个月就是 100 个单词,再把这 100 个单词分摊到每一天,每天学习三四个单词,慢慢积累,一年就能学会 1200 个单词。

只要把目标分解,坚定地按照计划执行,每天完成一小步,一年过去,收获的就是一大步。

第三节　对孩子而言，人生的几件重要事情排序

磨蹭的本质是把事情搞混乱了。

回想一下，孩子为什么早上懒得起床，不爱刷牙、漱口，吃饭的时候不紧不慢，写作业推三阻四，就算父母催促也是徒劳，哪怕因此爆发了冲突，可到了第二天，依旧如常。归根结底，是因为孩子心中没有明确的目标，不知道哪些事情是重要且必须做的，哪些事情是紧急但不必要做的，在孩子心中，还没有建立起重要的事情要先做的概念。

我们通常讲人生的几件重要的事情是什么呢？第一是健康。拥有好的身体，照顾好自己才能照顾他人。第二是梦想。每个人都应该有自己的理想和目标，要有为之奋斗的勇气和力量，如此才能找到人生的意义，不枉度时间。第三是照顾自己的家人和朋友。他们是最亲最近的人，是我们要去关心和守护的。

对于孩子来讲，同样可以总结出他们人生这一阶段最重要的几件事情，不用太多，只要三件就好。

第一是健康。要告诉孩子，有一个好的健康的身体比什么都重要。生命是最可贵的东西。当我们面对选择时，一定要心中掂量清楚，要把身体健康放在第一位。有了这个概念，孩子心中就会逐渐建立起一杆秤，会更明确自己应该做什么。举个具体的例子，当孩子知道身体健康最重要之后，在吃早餐和看电视两者先后选择问题上，就会选择先吃早餐。只要他

心中有了这个意识,再教他按时吃早餐就不会变得那么困难。

第二是学习。学习是人生必不可少的重要事情。活到老,学到老,人生道路上几多坎坷,唯有学习能让人面对困难时从容应对。对于孩子来说,学习更是他们的重要任务,是当务之急。这一生活得精不精彩,仰仗孩子的学习能力。孩子在今后的社会中能否扎根立足,取决于他们的终身学习的能力和随之产生的创造力。

第三是玩。这一点专门针对18岁以下的少年儿童。"玩"在他们的童年和少年时期充当了非常重要的角色。这个"玩"其实并不是简单的玩耍,更不是玩电子游戏,而是有创造性的、有社交性的、回归自然的玩。孩子的天性需要在玩中得到释放。从某种意义上讲,玩对孩子的教育影响巨大。孩子在接触大自然过程中,会更加深刻地体验到生命的各个维度内容,也是在玩的过程中,学会和小伙伴建立起良好的社交关系,还是在玩的过程中,生发出很多有创造性的想法和做法,更是在玩的过程中,建立起健康的身体和心理。这些对于孩子的成长比上课外班、兴趣班更为重要。

如果我们列出孩子一周要完成的任务清单,我们大可以把所有的任务都归结到这三大类型里面,然后孩子就知道先做什么,后做什么了。下面讲的时间管理的四象限,我们可以按照这个原则将各种任务归类。

我们可以把日常生活中的各种事情根据紧急和重要程度分成四个象限,第一象限是重要且紧急的,第二象限是重要但不紧急的,第三象限是不重要但紧急的,第四象限是不重要且不紧急的。(见下图3-1)

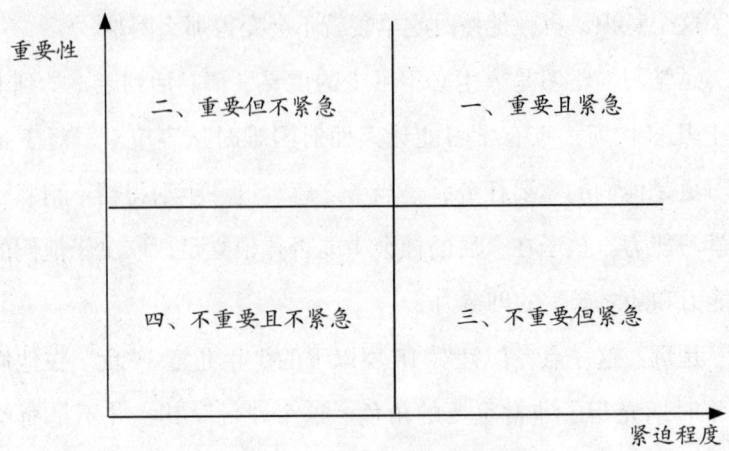

图 3-1 日常事务"四象限"

第一象限：是对孩子而言紧急且非常重要的事情，不能拖沓不做，必须毫不犹豫地首先处理，优先解决。比如：按时完成作业，考试前的准备工作，生病需要看医生，等等。涉及孩子身体健康的事情都要放在第一象限，比如，按时吃饭，定期锻炼身体，等等。

第二象限：这一象限的事情不具有时间上的紧迫性，但是它具有重大的影响，对于孩子的成长和发展都具有重大的意义。比如，学会写一手好字，看本好书，养成有益身心的习惯，等等。一些好的学习习惯是需要放在第二象限的，它们很重要，但是并不是紧急的，需要长期坚持以固化下来。比如养成阅读的习惯，养成看完书写读书笔记的习惯，等等。

第三象限：这一象限的事情最琐碎，最容易让孩子分心，更容易让孩子和家长产生错觉，认为是最该先解决的。很多时候，孩子的大量时间都浪费在这些紧急且看似重要，但其实并不重要的第三象限的事情上，因为这里有个非常大的误区，那就是很多人认为：紧急的事情就是当下比较重要的事情，要赶紧去完成。实际上，这是错误的。比如，孩子在专心研究一件事情的时候，妈妈送来水和水果，认为到了补充水分和营养的时间，一定要让孩子停下正在做的工作，先喝水吃水果。孩子如果不愿意，双方

第三章 时间管理的前提——目标管理

又要浪费时间在沟通和劝解上，结果两件事情都做不好。

第四象限：是一些不重要且不紧急的事情，而这些事情往往是孩子更热衷的事情。它们比较好辨别，都是一些对孩子身心成长无关痛痒的事情，做起来没有压力，没有负担，做了只是在浪费时间，消遣生命。比如，无所事事地发呆，跟别人无意义地闲聊，上网看无关紧要的花边新闻，没有节制地打游戏，等等。

在我们帮孩子制定时间管理表的时候，就可以把任务归入这四个象限，哪件事情应该先做，哪件事情应该后做，便一目了然。

家长可以和孩子一同列出具体的事情。试着和孩子共同探讨一天中都要做哪些事情，然后把它们罗列出来，想到什么就记下什么，越详细越具体越好，先不管重要顺序，把它们都写在纸上。家长和孩子会发现，原来一天中能够做这么多事情呢。

让我们来看看，一天中，我们的孩子将要经历怎样的旅程。

早晨醒来：穿衣服，洗脸刷牙，上厕所，洗手，吃早餐，步行或乘车去学校，路上听广播或者学习英文……

学校期间：上课，做课间操，吃午饭，自习，锻炼。

放学后：上兴趣班、补习班，吃晚饭，写各科作业，完成补习班和兴趣班的作业，做家务，练琴，读书，学习英语，玩耍，洗澡，刷牙，睡觉。

和孩子一起把这些事情根据重要性划分到一、二、三、四象限，鼓励孩子在做一件事情之前先在心里思考这属于哪一类，然后再决定该怎么做。

第四节　如何给孩子制定目标

关于如何进行目标管理，著名的管理大师彼得·德鲁克曾提出 SMART 法则，恰好就能完美地解决孩子目标管理的问题。

SMART 是什么？

SMART 法则最早被应用于项目管理中，很多企业非常成熟的管理流程的设计都是基于 SMART 法则而来。所谓的 SMART 法则是指：Specific（具体的）、Measurable（可衡量的）、Attainable（可达到的）、Relevant（相关的）、Time-bound（有截止日期）。

在孩子的教育中，我们可以直接将这一法则迁移过来。

Specific（具体的）：是指目标越具体越好，很多孩子在制定新学期目标时会比较笼统，比如孩子定的目标是学电脑，这个目标就不够具体。此时就需要家长引导，让孩子制定一个更加具体的目标，可以将学电脑这个目标具体分为，用一个月学会 Word 基本操作，再用一个月学会 PPT 制作，这样目标制定出来不仅一目了然，还能让孩子知道先做什么，后做什么，哪个时间段该做什么事。

Measurable（可衡量的）：是指目标要有一个可以衡量、界定的判断标准。很多孩子在制定目标的时候会定一些看似具体实则模糊的目标。比如，我要读一些世界名著，我要提高做题速度，我要把英语口语练好。这样的目标看似明确，但要看书、提高口语能力以及做题速度等有一个致命的问题：没有一个可以衡量的标准。

读一些世界名著,一些到底是多少,3本还是30本？提高做题速度,是一天做一套题,还是一天刷好几套？英语口语好,是指能把课文倒背如流,还是能和老外自如聊天？没有衡量标准时,孩子就无法得到及时的反馈,因此这样的目标很容易放弃。

但是如果家长试着将目标量化。比如,每个月要读完一本书,要每天说10分钟的英语,每天最少做10道习题。这样的目标不仅清晰而且更容易执行,孩子只需制定时花些时间,后面跟着执行就可以了。

当然,可衡量还有一层意思,当孩子有一个比较大的目标,比如要出国留学,这种目标虽然明确,但涉及时间长,范围广一些,一时半会儿不好实现。此时家长可以借鉴"可衡量"这一标准的解决方法,将大目标逐步分解成可以实施的小目标,安排到日常学习计划当中,有效地分解计划,一步一步地实现目标。比如,留学这种计划就可以分为：准备雅思、托福等相关证件,锁定学校,咨询对口专业。

Attainable（可达到的）：是指制定目标的时候要尊重事实,如果目标定得太高,就很容易在实际操作过程中打击孩子的积极性。"45度目标"应该是孩子们的首选。所谓"45度目标",是指孩子只要微微抬头,踮踮脚就能够着的目标。

孩子们由于相关经验少,以及对自己的过分自信,往往很容易制定不切实际的目标,比如,我一个月要读10本书,我要在今年掌握5000个的英语词汇,我要考到年级前10（以前都是500名开外）。虽然孩子们的这些愿望很美好,但是好高骛远可不是一件好事。家长应该委婉地告诉孩子,要一步步来。制定一个可以实现的小目标,实现之后再往上走。

Relevant（相关的）：是指设定的目标是要与自己当下的情况相结合。这一步非常重要,家长可以引导孩子写下自己实现目标的具体方法和行动步骤，看这个目标跟自身状况以及其他目标是否相关，是否与自身情况相适应。

比如，有些在校成绩好的孩子将考上重点中学定为自己的目标，这无可厚非。而一些成绩相对薄弱的孩子也将考上重点中学作为自己的目标，这就有点儿强人所难了。虽然不排除孩子好好学习真的考上重点中学的情况，但这其中的难度可想而知，其实这就是没有将自己的目标与所处学习阶段特点、自己的知识水平相结合。这种揠苗助长式的目标设定并不值得提倡。

Relevant 还有一层含义：选择对孩子成长最重要的目标，并适当鼓励。孩子往往由于好奇心，会有很多想法，目标也会很多。目标多了，很容易分散注意力。所以在一个时期内，需要对目标做优先度排序，也就是选取那些重要且关联度比较高的目标，集中精力去实现。当然，孩子如果达到小目标，父母可以适当鼓励，以增加孩子的动力。

Time-bound（有截止日期），最后这一点也非常重要，设定目标要有一个时间上的限制。对于孩子来说，面对有期限设置的目标，才有去完成的紧迫感，时间的限制会让孩子体会到紧迫感。特别是 dead line 快要到来的时候，孩子会因为计划没有完成而产生压力，适当的压力也能促使他们行动起来。

想想每年寒暑假快结束时疯狂补作业的孩子们。其实如果在平时，父母略微注意对其时间的约束便能解决这个问题。具体做法可以是家长每天规定孩子要完成的作业量，睡觉前检查是否完成。当然，设定截止日期还有一个好处，就是可以使孩子在心里形成时间观念，让孩子知道时间的宝贵，一旦错过就没有办法重来弥补。同时还能培养孩子分清事情轻重缓急的能力，让他们懂得在有限的时间内，哪些事比较重要应该先做，哪些事不重要可以后做。这些对孩子的成长来说都是非常重要的。

第三章 时间管理的前提——目标管理

生活中如何应用 SMART 法则呢？

比如，你和孩子准备制订一个提高数学成绩的计划。从这个计划的开始制订就可以使用 SMART 法则来指导。

S：下次数学测验，成绩要从 85 分提高到 90 分。将提高数学分数从目标模糊精确到提高 5 分，特定的数字不仅能让目标具体，还能给孩子心理的冲击。

M：除了完成日常作业，每天晚上多花 10 分钟做数学习题，再花 10 分钟完成第二天课程预习。将大目标分解成做习题和预习功课，并有了明确的时间限制，这能很好地帮助孩子判断这个任务是否能完成。

A：这个目标对孩子来说，可以达到。5 分的提升，有一点点难度，但并不是无法实现。只要孩子努力听讲，放学按照自己制订的计划实施，是完全有可能达到甚至超过这个分数的。

R：根据上次考试的情况制订了提高 5 分的计划，如果真的能够提高 5 分，说明孩子对自己的认识没有错，同时还可能拿到期末"进步快学生"奖，这对孩子又是一次正向刺激。

T：距离下次测验还有 20 天时间。这 20 天可以采用倒计时的方式，让孩子每天早晨修改倒计时日期，增加时间对他的约束力。

这样，通过 SMART 法则，就将达到一个目标的计划定时定量地制订了出来，剩下的就是执行了。

第五节　坚持和坚定是目标管理的关键

当我们知道了哪些是重要的事情，并对这些事情的排序尽数掌握之后，还需要注意的是，对于孩子来讲，依然有很多他们做不到的地方。也许我们的计划看上去非常完美，几点该做什么，哪些事情必须做，哪些事情可做可不做。

但是落实在行动上时，会遇到诸多问题，其中之一就是你可能发现，这项计划对孩子来说并不合适，一周之后孩子并没有完成计划，心情大大受挫。

所以，在进行目标管理时，需要首先考虑的是，应该为孩子制定一个什么样的目标和计划才是合适的。对，就是"合适"二字。要使这个目标是孩子通过努力可以达到的。要做到这点，需要父母在给孩子制定计划和目标时遵循上一节所讲的 SMART 法则。

家长首先要做到坚持。

坚持是一项非常重要的品质，很多成功的人不在于能力有多高强，往往在于坚持得比别人久一点。所以，在进行目标管理的过程中，遇见孩子半途而废或者不配合都是正常的，但是家长一定要克服困难，引导孩子坚持下去，一旦决定就坚决执行，千万不要偷懒。

孩子的成长需要家长密切关注，首先要关注孩子的心理需求，明白他们的真正想法，引导他们做真正的自己，确定和树立其正确的方向和远大的理想。

在这个大前提下,将目标由大到小,由长期到短期,划分成不同的阶段和一个一个细小的任务,坚持让孩子每天完成一点,经年累月,就会获得丰厚的回报。

但是,我们在督促的过程中并不是一帆风顺,如果家长懈怠,孩子会比家长更快放松下来。比如练琴这件事情,对于学习乐器的孩子来说,每天练半个小时或者一个小时的钢琴是非常枯燥的,家长长期的陪练也是非常辛苦耗时的。但是,如果家长不能坚持,孩子在练琴中就会率先动摇,更不能坚持下来。所以,我们和孩子制定的每一个目标都要建立在合理的基础上,使其坚持下来。

当孩子表示想中断或者不能完成的时候,要和孩子一起讨论,找出问题的原因,进而一起商量解决办法。这时候家庭会议就派上用场了,家庭会议可以给孩子一个申诉的机会,让孩子感觉到自己的感受被接纳和尊重。父母要认真倾听孩子的陈述,了解孩子不想继续完成任务的原因,然后和孩子一起分析,一起决定还要不要继续。这时候父母树立榜样和鼓励非常重要。一般情况下,只要父母坚持,并且调整任务目标,孩子会愿意继续。注意,一定要夸奖孩子完成得好的一部分并鼓励,有时候可以用一些实际的好玩的东西或者活动来奖励孩子完成任务。比如,允许孩子多睡一小时,或者偶尔多玩一小时电子游戏,等等。

其次,用工具武装,为孩子找到帮手。

为孩子匹配合适的工具,才能让孩子拥有最重要的帮手,时间管理才能真正产生事半功倍的价值。使用工具的好处是单靠好记性所无法比拟的。工具能时刻提醒主人:

1. 不知道做什么?快来用我!——做好规划,即做一张时间规划表。

2. 不知道怎么做了?快来看我!——将目标写在纸上,贴在显眼的地方,让孩子看到目标。

3. 忘记怎么做了?我来叫你!——父母的监督执行。

4. 想以后可以做得更好?我来协助你!——定期举办家庭会议,复盘,总结,反思,调整任务的内容,不断设立新的目标。

除了以上清单,还可以为孩子准备一个计时器,将它们组合起来使用,方能成为真正有效的时间管理工具。

无论孩子是否学会了时间管理,父母都不可缺位。在学习时间管理的过程中,孩子处于儿童时期,父母就应该是教导者、陪伴者;处于青少年时期,父母则应该是引导者、督促者。

人生来就有惰性,好习惯养成不易,放弃却很容易。只有够自律的父母,才能培养出够自律的孩子。

第四章
微习惯养成法与时间管理的关系

第一节　时间管理是一张网格，每一个微习惯填充一个格

每一项任务背后，都是一个习惯的养成。

时间管理表中罗列的任务清单，比如阅读、练琴、写作、练习书法、打球、写作业等其实都是一个个好的习惯，无论是对身体健康还是对学习生活都有好处，只要坚持下去，必将给孩子带来终身的益处。

但执行却可能不尽如人意，会遇到各种各样的问题。家长可能会抱怨："那些预期都是理想状态，你想让孩子乖乖按照计划执行，是多么遥不可及的事情。看啊，他今天就因为肚子疼只练了10分钟琴，天知道他肚子到底疼没疼。说好的阅读20分钟呢？结果有10分钟他都在厕所，在厕所！"

停止唠叨吧！事实就是这样的！我们也许有一张完美的时间管理表，但是我们却无法让孩子自觉地去执行。所以常常会发生这样的情况：当我们兴致勃勃地打算把这个计划执行下去时，却发现孩子已经没了兴趣。家长也身心俱疲，打心底认输——行了，就这样吧。于是生活又恢复到原来的状态。

千万别这样，让我们回过头审视一下这张计划表，看看里面的内容，一项一项对应着考察，回想一下，哪怕是其中的一项任务，比如打球，孩子有没有完成得很好。如果找不出来一两个，或者一条都找不到，不要气

第四章 微习惯养成法与时间管理的关系

馋。这时候,家长就要反省,我是不是给孩子交代下来的任务太多了,让孩子无所适从?是的,很可能是这个原因。

记住一条定律:不要着急,一样一样来。就像王健林说的:"先定个小目标。"这个小目标就是我们要讲的微习惯。当我们帮助孩子建立起一个又一个微习惯之后,你会发现,实现时间管理并没有那么难。

阿基米德说:"给我一个支点,我可以撬起整个地球。"

先来讲一个美国肥宅的故事。他叫斯蒂芬·盖斯,苦于自己没有良好的习惯,于是他想,既然大的改变和坚持会让自己的潜意识产生抵触,那么就把要坚持的习惯变小,小到让自己的潜意识不觉得那是一件费劲的事情。

他要求自己每天坚持做一个俯卧撑,读一页书,写50字就可以。这些习惯真的小到只要花几分钟的时间就可以完成了。他在每天晚上睡觉前回顾一下,自己的这几个要求有没有完成,没有完成的话,就马上做。

因为需要花费的精力足够少,很容易长期坚持下去。当形成习惯后,继续加码,在新的基础上养成新的习惯。每天可以超额完成自己定下的任务,不能不完成。这样的好处是,当你坚持下去以后,会产生目标完成的成就感,形成正向反馈,继续刺激你坚持下去。

斯蒂芬·盖斯称这个习惯为微习惯。他通过微习惯养成了健身、写作的习惯,还把这个微习惯的养成过程写成了一本书,成了超级畅销书。

是不是很神奇,仅仅是起先一个小小的想法,可能只需要每天坚持5分钟的想法,最终却成就了一位畅销书作家。

斯蒂芬·盖斯告诉我们,微习惯是一种非常微小的积极行为,是习惯的精减版。这一策略的精要在于将目标微型化,将"微步骤"变成"小得不可思议的一小步"。运用微习惯策略,一开始你只需消耗极少量的意志力,便可以轻而易举地完成目标,不必担心失败带来的挫败感。当你成功迈出第一步后,很可能继续超额完成目标,即使没能超额完成,你的行为也会逐步产生一种惯性,在螺旋状激励机制的影响下慢慢发展为微习惯。

这么看起来,拥有高度自律的人生并不是海市蜃楼,我们每个人只要付出一点点,都是有可能实现的。通过自律获得富足人生,自律会成为我们使用的工具。所以我们会钦佩村上春树30年如一日地跑步。

由此可见养成好习惯的重要性。

养成一个好的习惯到底有多么重要?美国杜克大学的一项研究表明:我们的行为中约有45%源于习惯,很多习惯每天都在重复,而好习惯将开启你的成功模式,甚至足以改变你的一生。

下面来看一些常见的例子:

◆ 每天锻炼30分钟,不仅锻炼身体,而且可以塑造良好的身材,让整个人精神焕发,比以前更有自信,也显得更年轻了。

◆ 每天早起一小时阅读,每年就能多阅读365小时,按照每分钟阅读300字计算。每年可以阅读657万字,相当于读了131本5万字的书——多么可观的数字。

◆ 每天写作1000字,一年就能写36.5万字,相当于7本5万字的小说——只要坚持,人人都可以成为小说家。

这就是习惯的力量,默默地,以一种润物细无声的姿态,渐渐改变一个人,当然,塑造一个孩子的力量就更大了。

那我们养成一个好习惯需要多长时间呢?

很多家长都听过早起打卡21天、30天之类的活动,21天、30天真的就可以养成习惯吗?我们在帮助孩子培养好习惯的过程中,需要定一个21天的时间限制吗?先别急着下结论。也许,但很有可能出现的状况是,到了第22天,孩子又被打回原形了。原因是,孩子认为任务结束了,然后习惯连续终止,并没有养成习惯。

第四章 微习惯养成法与时间管理的关系

有研究发现，一个行为变成习惯平均需要的时间是 66 天，不同行为发展为习惯，需要的时间依其难度从 18 天到 254 天不等，这说明更多时候大脑需要很长的时间来适应新的变化。其实，你无须过分关注形成一个习惯究竟需要多长时间，因为家长定的目标应该是孩子能用它一辈子。对于孩子来讲，要坚持、坚持、再坚持，没有比坚持更可贵的品质了。

第二节　每一个小目标都可以成为一个微习惯

在大脑中有两个影响习惯的培养的部分：基底神经节、前额皮层。基底神经节擅长识别行为模式并进行机械性的高效模仿，不会分辨对错，被称为愚蠢的重复者、模式探测器。而前额皮层则善于抑制潜意识行为、监督自发行为，既能处理短期思维和决策，也可以理解长远利益和结果，被称为聪明的管理者、对抗自动行为的防御武器。

我们可以把基底神经节和前额皮层比喻为头脑中的两兄弟，大哥比较笨，但勤快，行动力强，更愿意不断重复做一件事；二弟头脑聪明，善于决策，但缺乏行动的毅力。所以，明智的做法就是设定简单的目标，让二弟作出行动的决策，然后由大哥来持续完成。

完成的习惯在身体里是有长相的，这些长相就是神经通路，它们是大脑的沟通渠道。大脑的神经通路是这样工作的：

一旦某个习惯指定的神经通路被一个想法或者外部信号触发，脑中就会有一个电荷沿着这条通路放电，然后你就会有一种想进行这项习惯下的行为的强烈愿望。比如，如果你每天早上醒来都洗澡，那大脑就会有一个神经通路和这个行为关联。当你早上醒来时，这个"洗澡神经元"就会放电，然后你就会像僵尸一样走过去洗澡，这时候你的大脑不会经过任何思考。这就是习惯养成的奇妙之处，你叫它惯性也好，条件反射也好，它产生的结果到底是神奇还是悲惨的，就在于你养成的这个习惯是好是坏。当

第四章 微习惯养成法与时间管理的关系

你的这些习惯越来越稳固，与之关联的神经元就会更粗，更不可撼动。

明白了神经通路的原理，我们要实现养成习惯的目标就变得简单了。如果想建立并强化某个特定的神经通路，只要不断重复就可以了。

但是说起来容易做起来难，人都是有惰性的，我们必须突破人与生俱来的限制因素才能做到。很多传统的习惯的养成策略并没有把这些已被证实的限制因素考虑在内，只会告诉你："这个过程确实很难，但是去做吧，你一定要让自己渴望得到它才行。"如果没有应对这些限制的可靠办法，即便你当初动力十足，执行到一半也会筋疲力尽，没办法继续坚持下去，早早放弃了。

此外，习惯的形成还和压力有关。

在考虑一个习惯能不能成形之前，我们还需要将压力这个因素考虑进去。

如今，我们人类比以往任何时候都面临更多的压力，因为生活节奏比以往快很多，人们的压力因此变得更大了。生活并不是理想化的，没有压力的存在，生活就不能正常地进行。也许很多人都没有细细想过，压力是怎么影响我们的习惯的。

仔细琢磨你就会发现，很多习惯性的行为，无论好的还是坏的，都是外界压力促成的。加州大学洛杉矶分校的两项实验和杜克大学的一项实验都发现：压力会促进人们更加依赖惯性行为。《人格和社会心理学杂志》曾发表过温迪·伍德的一篇研究论文，里面提到，遇到压力时，人们无法轻易做出决定，意志力会减弱或者令人感到不知所措。你没有精力做出决定时，往往会重复平时的做法。好习惯和坏习惯的表现特点都遵循这一原则。可见习惯在我们生活中的重要性。

现在想象一下，如果压力导致你产生一个坏习惯，你会怎么做？压力往往会造成负面的反馈，然而这个负面的反馈会触发一个坏习惯，这个坏习惯会触发内疚感,产生更多内心的焦虑和更多的压力。这些消极的因素又会触发这个坏习惯,从而陷入死循环。

再想象一下,如果习惯本身就会缓解压力,会带来怎么样的结果呢?比如说锻炼身体,你的压力把你拽到健身房,锻炼会帮助你缓解焦虑。

以上两种境况体现出坏习惯和好习惯对人的影响有着惊人的差别。好习惯会让你不顾艰难险阻,积极地走向成功,坏习惯则随时会把你扔进消极的旋涡里。

由此,我们可以从压力中找到实现习惯养成的突破口,因为我们发现,压力越多,生活就越难改变。正如伍德教授所讲的"你往往会重复平时的做法"。如果压力能让我们走向习惯,那它也会让我们远离其他一切,包括我们正准备建立的好的习惯。当我们有压力时,所有执行准则就会崩溃。因为现有的习惯会被强化。

试想一下,如果你的孩子原本每天不阅读,你突然给他规定每天必须阅读一小时,在如此巨大的压力面前,你觉得孩子还愿意遵循你的规定吗?因为他不能适应突然这么大的刺激,他需要慢慢来,循序渐进。

这就是为什么我们提出用微习惯的策略,每次只要求改变一点点,每天只用5分钟、10分钟完成一个小的任务,慢慢建立起微习惯,等孩子逐渐适应,找到其中的成就感和乐趣,自然会向你所期望的发展,不断给自己增加任务量。

每一个小目标都是神经通路和微压力共同作用的结果。

当我们让孩子不断重复一件小的任务行为,让孩子大脑的神经元和这个动作产生某种关联,打通两者之间的神经通路,并在没有施加太大压力的情况下,帮助孩子渐渐建立起微习惯时,我们会发现,我们在时间管理表中给孩子设定的每一个小目标都可以通过这种方式来实现。

微习惯之所以可以有效地帮助建立习惯,原因就在于它可以有效消除行动中损耗意志力的五大因素的干扰。

一是努力程度。微习惯只需付出非常少的努力。孩子面对的仅仅是一些简单微小的目标，几乎不费吹灰之力就能够完成。微习惯充满弹性，想超额完成多少，这个量完全由孩子自由决定，因此，微习惯策略最大限度地保存了意志力，自我损耗极少。

二是感知难度。正应了那句俗语："万事开头难。"很多人无法养成习惯就在于他们觉得难度太大，自己根本做不到。而设定微目标是降低感知难度最有效的方式。微习惯会帮助孩子快速进入状态，一旦开始，我们就会发现事情好像比我们预想的容易得多，孩子自然也这么认为。

正如物理学所讲，一旦物体处于运动状态，因为存在动量，一切都会变得简单。随着渐入佳境，家长会帮助孩子摆脱畏难情绪带来的止步不前的困扰，并在惯性作用下继续。所以，从小任务做起，让孩子"迈出第一步"其实很简单，继续下去也并没有那么难。

三是消极情绪。即使微习惯取代了一件令孩子开心的事情，但是因为孩子要做的努力非常少，少到根本不会感觉到任何消极情绪，因而也不会影响孩子完成任务。

四是主观疲劳。主观疲劳无法彻底消除，但微习惯可以有效缓解主观疲劳。每天看一页书，写作50字，做一个俯卧撑……微目标本身就会给孩子一种能量满满的感觉。

五是身体方面的血糖水平。微习惯会有效节约能量和意志力，最大程度维持血糖。

所以，当你和孩子都觉得某一项任务清单上的习惯很难完成时，不妨把量调小，让孩子慢慢习惯。记住，关键在于坚持。每天让孩子只读5分钟的英文单词的结果都比一分钟都不读要好得多。而且，经过长期积累，你会发现有出乎意料的效果。

第三节 制订适合孩子的微习惯计划

学习成绩好的孩子除了勤奋好学之外,还有一个共同的特性,就是从小就养成了预习、复习、检查,从错题中总结经验的习惯。因此,有人会说,优秀不是一种品质,而是一种习惯。

前面讲到,我们的行为中大约有45%源于习惯。当你重复某个行为一段时间后,大脑就记住这个过程了。孩子也是一样,如果他能从小养成每天预习、复习的习惯,每天坚持学习、练习,在惯性推动下,日积月累,学习对孩子而言将是一件轻松的事情。

下面这八个步骤可以帮助孩子制订合适的微习惯养成计划。

第一步,选择适合孩子的微习惯和计划。

和孩子一起列一张任务清单,写上打算给孩子培养的微习惯的内容。当然,如果父母能够参与其中,也写上自己想要培养的微习惯,就再好不过了。这样孩子在养成计划过程中,能得到父母的陪伴和支持,父母在实行过程中,也更能体会到孩子的感受,双方齐心协力比孩子单打独斗要好得多。

清单上的计划可以是每天看书20分钟,写作50字,练琴半小时,做10个俯卧撑,等等。如果你想让孩子养成每天预习和复习功课的习惯,不要规定他每天必须看课文、写生字30分钟,可以让他每天看3个动画视频,做几道练习题。每个视频3分钟左右,还非常有趣,做起来一点儿负担都没有，相信每个孩子都不会拒绝。

微习惯的数量最多不要超过4个，过多的目标会分散精力，使人难以兼顾。微习惯越多，则损耗的意志力越多。别忘了，微习惯之所以奏效，是因为它最大限度地保存了意志力。

可以选定一个微习惯试行一周，然后进行效果评估。仔细回忆一下，这个习惯有没有令家长和孩子疲惫不堪？孩子每天是否可以轻松搞定，超额完成？孩子是否渴望养成更多的好习惯？最后，别忘了想想如果加大这一习惯的执行力度，孩子还有没有可能完成，会不会有抵抗情绪或者挫败感？如果答案令人满意，那么恭喜，孩子闯过了第一关，可以长期坚持这一习惯了。

制订具体的计划时，可以让孩子先选择培养单一微习惯，只专注一个目标，也可以选择同时培养多个微习惯，具体制定视孩子的完成度和适应性决定。如果对孩子来讲一切都很轻松，不妨适当加量。

第二步，找到每一个微习惯的动机。

我们不仅让孩子知道每天要做什么，更重要的是让孩子知道为什么要这么做。选定微习惯后，父母要做的就是挖掘出潜藏在孩子内心深处的真实渴望和想法，找到孩子的"初心"。不断追问孩子为什么要实现它，直到形成循环和重复为止。

让孩子每天锻炼，为什么？因为孩子想长大个吗？

因为身体健康是最重要的，只有身体好了，长高了，才能把别的事情做得更好。锻炼身体还能放松心情，减轻压力，有了好身体，可以在比赛中胜出，让更多的小伙伴喜欢和自己玩，孩子会非常有成就感。

一定要给孩子一个心理动机，如果没有，那就找到，哪怕是孩子想得到更多的游戏时间才想去把学习成绩搞上去，也是一个动机，而且，有时候这个动机其实很管用。

第三步，确定习惯的时间和行为方式。

培养微习惯的依据有两种：时间和行为方式。以时间为依据，比如每天早起6点跑步。以行为方式为依据，如晚饭后写作。还有一种更好的方式，就是"一天一次，随时可做，睡前完成"。尤其是当你打算把一项行为作为长期的习惯让孩子坚持下去时，就需要把这项习惯制定得灵活一点儿。

比如，每天背一首古诗。不一定非要在一天中的某个时间点去做这件事情，在时间的选择上，要让孩子有主动权，完全自由。也许是利用一顿晚餐的时间，边和父母聊天，边讨论一首诗，很容易就背下来了。也可能是早起去学校的路上，在候车时间完成。时间的灵活运用会让孩子有一种强烈的掌控感，他们会喜欢这种感觉的。

第四步，建立奖励机制，让孩子能得到回报。

每天重复一个行为，时间久了，新鲜感过去后，孩子总会遇到一个瓶颈期，这时候的鼓励就显得非常重要。

如果孩子坚持学习了8天，第9天没能坚持下去，家长关注的点应该是孩子前8天都做到了，已经很不容易了，并给予鼓励。孩子能看到自己的努力和坚持，给自己打气，也是很重要的。有时候，一些看得见的奖励也是激励孩子坚持下去的动力。

为了鼓励孩子能每天坚持学下去，可以设立一套完善的奖励机制，比如设立奖励基金，设立打卡制度，每天完成多少就有积分，等等。

很多孩子在奖学金的激励下，长期坚持学习的同时也赚得了很多奖学金，用积分兑换了自己喜欢的礼品。

第五步，随时追踪记录。

准备一个大日历，对每天的完成事项进行勾画，这样就能一目了然地检查进度，也可以对比进度情况对孩子进行奖励。尤其是微习惯养成的开始几周,一定要做好记录,形成一个看得见的监督机制,既让孩子感受到每天完成的成就感,也提醒孩子:嘿,我们看着呢,不能偷懒哦。

当然也可以下载一个微习惯 App,随时随地记录完成情况,并定期进行结果反馈。这种反馈方式更适合家长。其实日历挂在家中的显眼处更为适当,因为毕竟孩子是在没有手机的情况下进行的,很少有机会去看什么微习惯的 App。

当孩子看到充满正能量的自己每天都在进步时,就会形成一种积极的心理暗示,激励他们按时完成目标。

第六步,微量开始,超额完成。

微习惯最大的特点就是:要求低,起步易,但频率高,反复不断进行强化。

一天只做一个俯卧撑,怎么都能完成。让孩子每天只学 10 分钟的英语,看动画就能学知识,没有负担。只要开始,就已经成功了一大半。

很多人在做了一个俯卧撑之后会想,既然姿势都摆好了,索性多做几个吧。很多孩子在完成 10 分钟的英语阅读后,看到有单词练习,还是游戏闯关型,觉得很有趣嘛,再练习一会儿吧。看到有全球 PK 的学习工具,想着跟其他人 PK 一下吧,一不小心又做了好多道题。

万事开头难,只要开始学了,孩子就会像有惯性一样,继续下去。

第七步,循序渐进,忌盲目拔高。

使用微习惯策略需要警惕的一点,就是要防止目标"暗中膨胀",不要暗自提高标准。你要把关注点放在坚持本身,不要对任务量抱有过高的期待。切记,完成比完美更重要。如果微习惯目标是每天写 50 字,那么只要写完 50 字就是成功,内心一定要认同这一点。

对孩子来说更是这样,盲目拔高的结果就是孩子感受到压力,不愿再进行下去。或者有家长觉得,每天只学习 10 分钟也太少了,高年级的孩子时间得逐渐增加，每天学 20 分钟吧。

如果这样想，就已经违背了微习惯微量开始、超额完成的初衷。表明您对自己或孩子之前的努力是不满意的，表明您还有更高的期待。您或孩子可以超额完成任务，但不要改变最基本的起点。当孩子养成微习惯时，形式的要求，比如每天是 10 分钟还是 20 分钟已经无关紧要了。因为，孩子已经借助微习惯最终养成了每天学习的良好习惯。

第八步，留意习惯养成的标志。

如果长久以来你一直保持着健身的好习惯，每次锻炼时你会感觉兴奋不已吗？不会的，因为你已经习惯了每天去锻炼，这件事对于我们如同每天洗脸刷牙一样习以为常。所以，我们要留意习惯养成的标志：

◆ 没有抵触情绪

◆ 行动时无须考虑

◆ 不再担心遗漏

◆ 常态化

孩子也如此，当你发现孩子有上述变化和特征时，就是和孩子商量养成下一个微习惯的好时机了。

第四节 微习惯养成的七大原则

即便看上去很微小的任务，对孩子来讲，要坚持下去也是很不容易的，在这个过程中，需要家长的监督和支持，还有鼓励，对孩子遇到的问题及时更正和引导，想尽一切办法让孩子坚持下去，而不是随意中断。

第一，不要揠苗助长。

制定微习惯非常重要的一点就是不自欺，不要调高期待值，孩子的成就感应该来自超越目标，而不是完成目标。期待值低一分，超越的渴望就会多一分，不断超越使孩子的意志力更强大，孩子就会一直动力十足地坚持下去。至于大目标何时实现，就仅仅是时间问题了。

望子成龙、望女成凤是很多家长都有的心态，但要清楚，希望子女长成栋梁之材是一个大目标，在那之前，我们要把这个目标分解成一个个小目标，然后使用微习惯去一一实现。所以，一开始不能把期望值调得过高，否则孩子不容易完成，会有很深的挫败感，下次就不会想配合了。

第二，要知足常乐。

功夫明星李小龙说过一句名言："要满意，但别满足。"满意于每一个微小的成功，但却一直在探索自身更多的可能，要时常鼓励孩子你还可以做得更好一点儿。

及时发现孩子的优点，多说鼓励的话。孩子每一次任务完成时，家长都要让孩子知道你是关注他的、接纳他的，并认同他的行为，他会因此做得更好。

第三，完成微习惯之后，要给孩子回报。

在培养微习惯的早期阶段，你常常需要在孩子完成任务后给孩子一点儿回报，这会激励孩子继续坚持。

作为家长，在每一阶段的减肥计划胜利之后，可能会奖励自己吃一顿高热量的晚餐。而对于孩子，可以奖励其一次短途旅行，或者孩子期盼已久的一个玩具，或者减免部分课外作业，等等，让孩子看到努力的回报。

第四，保持平常心。

不要因为短期内看不到孩子的进步和变化而心生焦虑，注意你的初心是让孩子养成坚持的习惯，这个坚持的过程可能需要 20 天，也可能需要 60 天，不能急于求成。要知道，如果没有明确的动机，就不会有持久的动力，结果只能是半途而废。所以还要保持一颗平常心。

第五，孩子强烈抵触时，后退并缩小目标。

如果你的目标是去健身房锻炼，可是内心却有很强的抵触情绪，那么可以把目标降低至去健身房，到了之后只需换上健身服，等你的大脑反应过来时，你极有可能已经踏上跑步机了。

同理，当孩子有抵触情绪时，并不一定要强求他立刻按照时间规划去完成目标，而是帮助他唤起那个场景的记忆，孩子由于惯性的作用，自然而然就会去做。

如果孩子完成有困难，那就缩小目标，让他在轻松的状态下完成。

第六，让孩子觉得，完成这件事很轻松。

曾经有一本叫作《这书能让你戒烟》的书，成功帮助很多吸烟者戒掉烟瘾，这本书为什么如此神奇？原因在于书中不断强调一句话："戒烟很容易。戒烟很容易。戒烟很容易。"

同理，培养微习惯也是让孩子感觉到"这件事很轻松"。潜意识对孩子的影响是非常大的,当家长对待微习惯的心情是放松的时候,孩子也不会感觉到有压力,即便是有一点点困难,孩子也会告诉自己,没事儿,这件事做起来很轻松,从而主动解决困难,积极应对。

千万不要在孩子面前摆一副焦虑脸,说些"这点都做不好,你该怎么办啊"这类的丧气话。

第七,不要急着制定大目标。

"不积跬步,无以至千里;不积小流,无以成江海。"不要小看每天前进的一小步,每个巨大的成功都是由微小的成功堆积而成的。

耀眼、漂亮的大目标写在纸上容易,落实到行动上却并非易事。小步快跑,循序渐进,才是稳步前进的正确方式。如果孩子能轻松完成,那么就让孩子尽情享受超额完成的成就感吧,不要轻易改动任务量,至少要坚持很长一段时间之后再考虑。

第五节 六项受益终身的好习惯成就自己

我们常常说,父母是孩子的第一任老师,父母的一些行为习惯往往会直接影响到孩子,所以父母要做孩子的榜样,帮助孩子养成良好的行为习惯。下面这些好习惯,如果能帮助孩子养成,孩子必将受益终身。

第一是健康的饮食习惯。

孩子的饮食习惯非常重要,不仅要正常饮食,不挑食,不偏食,也不要吃零食,多吃蔬菜水果,适当吃肉类,控制体重,让身体健康成长。

在习惯养成过程中,我们可以用微习惯养成法,帮助孩子改掉挑食、偏食、爱吃零食等毛病。比如孩子偏食,不爱吃青菜水果,那家长可以和孩子商量,每天只要求孩子进食比平常多一点量的蔬菜或者水果,吃什么让孩子自主选择。或者在两顿正餐之间多加一道水果,久而久之养成习惯,孩子就不逃避了。

第二是良好的睡眠习惯。

孩子养成规律的作息,保证充足的睡眠才能身体健康,精神焕发,头脑灵活。但是很多时候,家长做不到早睡早起,特别是假期,孩子也跟着熬夜看电视。作息时间时早时晚,难免会影响孩子的身体发育和正常的生活。

如果孩子不能按时睡觉,不要指望孩子按习惯养成法去做就能让孩子一下子从10点睡改成9点睡,而是要一天天提前。比如,每天提前5分钟睡觉,直到把孩子的睡眠时间调整到理想状态为止。

第三是终身阅读的习惯。

不言而喻,阅读对孩子的终身学习都非常有帮助,即便孩子以后读完大学走上工作岗位,阅读也是必不可少的,这会让他们能够保持终身学习的习惯,不至于被快速发展的时代抛弃。

阅读可以帮助孩子积累词汇,拓宽知识面,提高写作能力,长期坚持下来,可以让孩子更加地专注、自律,提高认知能力,并且还可以使孩子的注意力集中。

第四是坚持锻炼的习惯。

最好能帮孩子培养一项运动爱好,不论是球类还是田径类的运动,一定要让孩子感受到运动的乐趣,并从中体验到竞争和团结合作带来的感觉。团体性的运动最适合男孩子,比如篮球、足球、棒球等,在团体的配合中,孩子不仅能强身健体,也能明白协作的可贵。

世界上顶尖的大学都非常重视学生的体育情况,通常来讲,连续打了10年棒球而且在比赛中频频拿奖的学生要比那些只有高分数的学生更能赢得常春藤的青睐。运动代表着具有坚毅的品质、合作的精神和不屈不挠的态度。

第五是独立思考的习惯。

遇到事情学会引导孩子自己去做。家长在孩子遇到困难的时候,最好不要直接帮助孩子解决,这样容易使孩子形成依赖,最好能够引导孩子自己去解决,这样可以让孩子独立起来。

如今,网络信息大轰炸使孩子接触的各种信息铺天盖地,那些真正有用的信息并不见得能够突破重围和孩子见面。我们家长常常被一些不实的信息所困扰,更别提孩子,他们还没有形成自己的判断能力。要鼓励孩子多吸收各方信息观点,多观察,形成自己的判断。千万不要人云亦云,更不要用不实的信息去影响他人。

第六是换位思考的习惯。

虽然孩子还小，但是在处理问题的时候，家长要有意识地和孩子沟通如何去换位思考。比如，告诉孩子，这件事情如果你处在对方的处境下，你有什么感受？你应该怎么办？让孩子从小培养换位思考的思维方式，有利于孩子提升日后的社交能力和问题处理能力，也会让孩子更加受欢迎。

第五章
如何制定时间管理表

第一节 作息时间管理

现在，我们摩拳擦掌，想要给孩子制定出一个完美的作息时间表。等等，你真的准备好了吗？别忘记开家庭会议，把这件事情列入会议日程，重点是，要和孩子一起制定这张表。因为是孩子的作息时间，要让孩子觉得他们对这件事情有主动权，而不是家长说了算。

可以依照下面五个步骤，清晰地列出作息时间表：

第一，罗列出要做哪些事情。

第二，对这些事情按照先后顺序进行排序。根据前面讲过的四象限法则，将所有事情按照重要程度划分成四类。

第三，标出做每件事情需要的时间。

第四，把项目绘制成自己喜欢的图表。

第五，将安排表贴在最醒目的地方。

表1：一天作息时间表

	星期一	星期二	星期三	星期四	星期五	星期六	星期日
1	6:45 起床	6:45 起床	6:45 起床	6:45 起床	6:45 起床	7:30 起床	7:15 起床
2	7:10 早餐后出门	7:10 早餐后出门	7:10 早餐后出门	7:10 早餐后出门	7:10 早餐后出门	8:00 早餐	7:30 早餐后出门

续表

	星期一	星期二	星期三	星期四	星期五	星期六	星期日
3	16：50 放学	16：50 放学	16：50 放学	16：50 放学	16：50 放学	8：30—9：30 做作业	9：00—12：00 补习英语
4	17：20—18：20 做作业	17：20—18：20 做作业	17：20—18：20 做作业	17：20—18：20 做作业	17：20—18：20 做作业	自主时间	自主时间
5	18：30—19：00 晚餐	18：30—19：00 晚餐	18：30—19：00 晚餐	18：30—19：00 晚餐	18：30—19：00 晚餐	18：30—19：00 晚餐	18：30—19：00 晚餐
6	19：00—19：50 自主时间	19：00—19：50 自主时间	19：00—19：50 自主时间	19：00—19：50 自主时间	19：00—19：50 自主时间	自主时间	自主时间
7	19：50—20：20 英文阅读	19：50—20：20 练习钢琴	19：50—20：20 古文阅读	19：50—20：20 奥数习题	19：50—20：20 英文阅读	19：50—20：20 奥数习题	19：50—20：20 英语阅读
8	20：30—20：50 洗漱	20：30—20：50 洗漱	20：30—20：50 洗漱	20：30—20：50 洗漱	20：30—20：50 洗漱	20：50—21：10 洗漱	20：50—21：10 洗漱
9	20：50—21：10 课外阅读	20：50—21：10 课外阅读	20：50—21：10 课外阅读	20：50—21：10 课外阅读	20：50—21：10 课外阅读	—	—
10	21：10 关灯睡觉	21：10 关灯睡觉	21：10 关灯睡觉	21：10 关灯睡觉	21：10 关灯睡觉	21：10 关灯睡觉	21：10 关灯睡觉

好像一点儿也不难嘛。但是，这里要明确一个观点，时间安排表不是家长用来约束孩子行为的"圣旨"。因此制表时，孩子是主导者，家长是协助者。当家长不认同孩子的观点时，别着急反驳，多与孩子沟通，慢慢达成共识，避免孩子说"是你让我做的，这不是我想要的"，时间安排表变成权利之争表。

下面来看一张作息时间表的模板，你可以根据孩子的实际情况适当增减内容。

表1是孩子一天的作息时间表，但是显然，那张表不能满足孩子每天不断变换任务的需求，所以，可以给孩子制定一个一周的作息时间表，比如表2：

表2：一周作息时间表

时间	内容	备注
7：30—8：00	起床	
8：00—8：30	洗漱、早餐	
8：30—10：30	语文、数学、英语学习	
10：30—11：50	自由活动	
11：50—13：30	午餐和午休	
13：30—15：00	午休后做作业	
15：00—17：00	自由活动	
17：00—18：00	练习书法	
18：00—19：30	晚餐和晚休	
19：30—20：30	娱乐活动	
20：30—21：30	阅读	
21：30	关灯睡觉	

需要注意的是，家长制表时一定不要把孩子的时间都占满，这样孩子反而没有时间可以管理。因此，要想孩子学会时间管理，就应该把时间管理权交给孩子。当孩子在某种程度上可以按照自己的意愿去自由支配时间时，他会体会到掌控感、成就感，从而更愿意去管理自己的时间。

当孩子提前完成时间安排表上的某项任务时，剩余的时间可任由他支配。这样做可以激发孩子管理时间的动力，提高其做事效率。

需要说明的是，上述作息时间表适用于学龄阶段的孩子。对于学龄前

第五章 如何制定时间管理表

的孩子,在制定时间管理表问题上,要根据孩子不同的年龄层,循序渐进地把核心概念教透,这样孩子在时间管理这件事情上才会显得游刃有余。

◆ 对于2岁以上的小孩,重点在于教会其区分时间管理的基本概念。

学会区分事情的重要程度,是孩子了解时间观念的第一步。在日常对话中,我们可以先主动告诉孩子"需要"和"想要"的区别,下面看看妈妈和孩子在一起的场景:

如果妈妈口渴了,妈妈会和孩子说:"我很需要喝水,因为我口渴了。"如果妈妈想出去走走,就会说:"我想去散步,因为可以放松一下身体。"一个是需要,一个是想要。

要引导孩子明白,"需要"所代表的含义是有需求,如果很口渴但一直没有喝水的话,身体会很不舒服,这个便是对于我们来说"重要"又"紧急"的事情。

但是"想要"背后所代表的含义是喜好,妈妈虽然很想去散步,但是如果现在没有去散步的话,其实身体也不会很不舒服,妈妈也有其他的事情可以做,这个便是对我们来说"重要"但不"紧急"的事情,可以稍微等一等再做。

了解这个概念很重要,等我们发现孩子对"需要"和"想要"有了基础概念的时候,便可以继续延伸,加入更多的"时间限制"(Time Limits),比如引入"延迟时间",接着前面的对话,我们可以继续延伸表达:"我很需要喝水,因为我口渴了,所以我需要立刻去喝水。""我想要去散步,因为可以放松一下身体,但是我可以等洗干净碗筷后再出门。"

也可以用辩证的方式去看待"想要"和"需要",比如这么说:"我很需要喝水,我也很想要喝水。""我很想去散步,但是我需要先把碗洗了,所以我可以再等一下。"

在日常生活中如果有固定的场景,能高频地和孩子讨论这些场景,孩子对于"需要"和"想要"的基本认知就会更清晰。

让孩子明白，原来有些事情是我同时"需要"和"想要"的，有些事情是我需要但不想要的，有些事情是我想要但不需要的，有些事情是我既不想要也不需要的，这些最常见的场景都可以帮助孩子培养时间的"轻重缓急"的概念。

但在实际操作中你会发现，孩子有很多似是而非的概念，比如还分不清楚重要和紧急、想要和需要这些概念，这不能怪孩子哦，学龄前的孩子的认知能力正在发展中，执行能力也不稳定，出现反复模糊的判断是正常的。

但如果我们能越早渗透灌输给孩子关于"重要""紧急""想要"和"需要"的区别的认识，那么我们在讨论时间话题的时候，孩子就能更好地理解了。

◆对3岁以上的孩子，引入时间管理的相关游戏。

可以引入卡片游戏，让3岁以上的孩子更好地区分事情的轻重缓急。比如，可以根据孩子的喜好和情况，给孩子在小卡片上写满各种事物的名称，并且放入两个框，一个叫"想要"（做的事），一个叫"需要"（做的事），然后让孩子判断，到底哪些事属于"想要"，哪些属于"需要"。

下面罗列一些卡片，和你的孩子一起来做一做"需要和想要"的游戏吧。

卡片内容包罗万象，可以有：玩具车、蜡笔、电脑、手机、音乐、绘本、上学、甜甜圈、菠萝包、洗澡、睡觉、散步、踢球、跳舞……妈妈可以引导孩子，向孩子提问："你觉得你是需要玩具车，还是想要玩具车？"

提问的目的并不是一定要孩子给出一个明确的答案，而是让孩子自己去思考如何去看待生活中的每一个安排、玩的玩具、做事的流程和做法等，这便是让孩子进一步树立"轻重缓急"意识的关键过渡期。

第五章 如何制定时间管理表

另外需要指出的是，我们常常讲的延迟满足法也可以帮助孩子建立起时间的概念。比如下面的场景：

"妈妈，给我买玩具好不好？"

"好的，等妈妈把这个清单上的所有东西都买完了再买给你。你可以先帮我把东西都收拾下吗？有你的帮忙，一定会快很多的。"

"好的，妈妈。"

"谢谢你等我，这是你的玩具。"

这里的重点不是"是否答应孩子购买玩具"，而是逐步延长孩子的"想要"清单内一件事的忍耐时间，比如最初可以是延迟半个小时，然后到一天，到一周，再延伸到某种目标的制定，或者得到某个节日的惊喜……

关键是，孩子在这样的交流过程中，能够逐渐积累对时间的判断，比如倒计时、数数字等基本的概念。家长答应孩子之后，一定要做到，因为孩子们也需要感受到家长一直在留意倾听他们的愿望，并且会遵守约定。

◆对于4岁以上的学龄前儿童，引入"时间小偷"的概念。

韩国著名儿童文学作家崔星美编著的《谁偷走了我的时间呢？》一书为我们呈现了一个懒洋洋的小孩被偷走时间的故事。家长要问一问孩子："你一放假就偷懒吗？你每天过得充实快乐吗？你会好好安排自己的时间吗？"

带着孩子读一读这本书：一到放假就整天偷懒，允植一天天懒散下去。作业没写完，天天睡懒觉，做事总是拖拖拉拉，这样下去怎么行？见到"时间小偷"后，允植决定制作假期计划表，开始有计划地学习、生活。他不仅将"时间小偷"彻底赶跑了，也让自己变得越来越优秀！

引入"时间小偷"的概念，可以让孩子明白拖拖拉拉对于需要去做的事情来说会有什么样的自然后果。不妨在适当的时候让孩子体验一下，

"时间小偷"是如何偷走时间,并让孩子承担这一自然后果的。

比如,送孩子上学的路上,因为意外出发晚了,被堵在了路上,孩子也会急躁地问:"为什么我们被堵在路上?为什么车不开?"这个时候,就需要我们简单地告诉孩子:"因为我们遇到了'时间小偷',他把我们的时间偷走了!"

"时间小偷"长什么样呢?他最喜欢让我们睡懒觉,慢腾腾地收拾东西,不计时间地发呆,等等,我们一不留神,时间就被偷走了。

鼓励孩子们和"时间小偷"作战。

第二节 作业时间管理

作为处于学龄期孩子的家长，常常会面临这样的苦恼：孩子不愿意动笔写作业，总是等到家长下班催促才开始学习，或者写作业的时候总能找到中断的理由：想上厕所，想吃水果。结果，每天的时间紧紧巴巴过，孩子的学习效率不高，还影响了其他方面的活动。磨蹭到夜里 11 点还没有写完作业的孩子为数不少。

也许我们已经制定了作息时间表，每一项事情该在什么时间点完成也写得清清楚楚，但是孩子写作业的状态还是老样子，没有一点儿改进，是什么原因呢？

看来我们有必要将作业时间管理的问题单独拿出来分析一下了。在孩子的时间管理计划中，写作业是非常重要的一项内容，除了休息和娱乐，作业几乎占据了孩子们放学后的很大一部分时间。其实，真正了解小学、初中教学内容的家长，真正了解孩子学习进度的家长不难发现，作业量的多少对于普通孩子来讲并不是问题。老师不会留很多课后作业，特别是小学阶段，作业是很少的。通常情况下，低年级的孩子半小时足够应付课后作业，中高年级的孩子有一个小时也差不多了。到了初中，基本上做作业的时间不会超过两个小时。

只要规划合理，在执行过程中，家长和孩子就能改掉一些不好的习惯。"按时完成作业"这项任务并不难完成，而且，如果能够促使孩子高效完成作业，你会发现，孩子放学后可以做的事情还有很多，只要不是做作业就好。

以下为有效的作业时间管理策略。

第一步，无论如何，制作出一个做作业的时间计划表，有总比没有好，家长首先要对这件事情重视起来，孩子才能认识到其重要性。告诉孩子，学习是自己的事情，无论家长在不在身边，都应该按照计划表上规定的时间去做。爸爸妈妈只是起到检查和监督的作用。

这也许很难，家长最大的担心是孩子磨蹭惯了，怎么可能做到。如果让这种想法先入为主，那么还是算了吧。一定要相信孩子可以做好，才有继续下去的可能。放心让孩子去尝试，哪怕后续需要调整计划，也好过不开始。

我们开始准备列作业清单，分别记上孩子关于写作业要做的事情。先写孩子写作业之前要做什么，比如：①上厕所，②准备文具，③准备定时器或者沙漏，④吃点心，⑤吃水果，⑥喝水，等等。把孩子每次写作业的时候拖拖拉拉要做的事情都列出来，安排在写作业之前做完。然后进入写作业准备状态，在正式开始写作业之前，进行⑦修复笔记，复习今天的内容，把笔记修复好之后，进入计时，开始⑧写作业，按照作业的先后顺序一项一项地写，全部写完之后，进行⑨自我检查，⑩叫家长签字。接着进入⑪按照计划完成今天的复习任务，⑫预习，⑬整理文具，收拾书包。一切做完之后，如果还有时间，可以叫孩子休息一下，玩一会儿，然后打开晚睡清单。家长可以在这个基础上，根据自己家的情况做一些适当的调整。

第二步是让孩子全情投入，不要干扰孩子的学习。一会儿送杯水，一会儿送杯牛奶，一会儿又端来水果，这些都是不对的，这样频繁打搅，往往会打断孩子的思路。在孩子的学习时间，尽可能地给孩子一个安静的环

第五章　如何制定时间管理表

境，屏蔽掉一切干扰，让孩子全身心投入进去，认真完成作业。

在作业量正常的情况下，一般30分钟可以完成一项作业，完成一项作业后再休息，玩10分钟，这个时间同时可以喝水、吃水果，然后投入到另外一项作业的书写中去。

第三步是把作业按照难易程度排序。按照先难后易的顺序，将作业排序，然后逐个击破。先做难的，随着学习的深入，后面的精力往往没有前面的好，而作业越做越简单，心情和情绪都会很好，情绪好了，很多事情也就好做了。别看是简单的调整学习顺序，收获完全不一样。

第四步要注意千万不要额外增加作业。在执行过程中我们发现，想让家长实现对孩子的承诺有时候真的很难。比如在作业管理上，很多家长都有过以下做法：

有的时候，孩子明明很快写完了学校的作业，但家长一看还有多出来的时间，立马找试卷让孩子多做题，导致孩子很厌烦，满脸的不耐烦。家长看到孩子如此，心情立马变化，觉得孩子不懂得自己的苦心。其实，孩子写完作业，家长立马再加作业，长此以往，孩子会觉得写完还有，没完没了，还不如磨磨蹭蹭的好。如此一来，往往会恶性循环，家长与孩子敌对，鸡飞狗跳。不如在写完学校作业后，让孩子玩些小游戏，或者与孩子共读书籍，增加亲子的欢乐。

以下为一些小技巧，供读者参考。

1. 擅用计时器

给孩子准备一个小闹钟，最好是计时器，很简单又很可爱的那种，把它当作时间管理管家。当孩子写作业时，预估一下完成这项作业的大致时间，然后给孩子计时，让孩子在计时器规定的时间内完成作业。

注意计时一定要留有余地，不要让孩子觉得时间不够用，产生完不成作业的焦虑。同时，孩子在休息时，在玩游戏时，也可以利用计时器来监督。和孩子商量好休息和玩游戏的时长，训练孩子计时器时间一到就马上停止进入下一阶段的反应能力。

同时，计时器还可以用来计算孩子完成比较擅长的一些科目学习的时间，比如口算，看孩子在一分钟之内能做多少道口算题，或者做20道口算题需要多长时间，这种训练会让孩子有时间的紧迫感，也很容易在完成之后找到自信心和愉悦感。

2. 用时间作为奖赏

很多时候，当我们提到"赏罚"，总觉得是特别简单的事，不就是打嘴巴和发糖吗？听话就奖赏，不听话就惩罚。但很多时候，我们在生活里却总发现"赏罚"的办法不好用，例如打了孩子，孩子下次照旧，或者许诺给孩子买玩具也不管用。这是怎么回事？

原因很可能是激励方式没有设置正确。也许家长没有想到，最有效的赏罚就是"以即时因果为赏罚原因"，也就是说，让一个人体会到，自己摸火就会被烫，那他自然下次就不摸了。孩子越小，即时性越重要，如果做一件事的好处和坏处的显现都在未来，那激励作用就很弱。

如果你跟孩子说，快点儿写作业吧，这样以后才能有个好工作。或者说，你要是完成得及时，过一个月就给你买个大玩具。有用吗？必须给孩子提一些可当下立见的好处，才有可能让孩子尽快完成。

承诺给什么当下实现的好处呢？最有效的是可以给自己赢得时间。如果父母的目标是让孩子"加快速度完成"，那就需要问：对于孩子来说，"快"对自己有什么好处？如果"快速完成作业"一点儿好处都没有，那为什么不懒洋洋地磨洋工？懒多舒服啊。

快速完成作业的直接结果是孩子能为自己赢得更多时间。这些时间，孩子可以做自己喜欢做的事情，比如看动画片、打游戏、玩乐高，等等，获得这些可以自由支配的时间才是孩子快速完成作业的动力。

第五章　如何制定时间管理表

很多父母的激励机制问题出在"赢得时间没有好结果"上，父母想让孩子快点儿做作业，但是快点儿做完作业之后，又给孩子更多额外的练习，也就是说，对孩子来说，快点做作业得到的不是"好处"，而是"坏处"，那孩子怎么会有动力呢？

类似的还包括：快点儿做完作业就得赶快上床睡觉——孩子会觉得，那我还不如先玩；快点做完作业也只能玩10分钟——孩子会觉得，早点儿晚点儿没有什么区别。

总之，如果"快做"看不到即时好处，孩子基本上很难有动力。这就好比公司的氛围，如果努力工作的结果只是给自己增加更多工作，久而久之，员工就都磨洋工了。

能起到激励作用的就是"赢得的时间全归我自己""写得越快，玩得越久"。也就是说，如果晚上有三个小时，能一小时写完作业就可以彻彻底底痛快玩两小时，孩子才有动力。这个"玩"必须是真正的让孩子自己决定做什么的"玩"。只有这种情况下，孩子才会觉得快点儿写作业是有好处的，是值得的。

第三节　自由时间管理

给孩子留下自由支配的时间。

如果我们把孩子的时间管理表内容安排得足够紧密，觉得非常满意，觉得时间没有被浪费掉，几乎每一分每一秒都有事情可做，简直是完美，那么请警惕了，实际上这么做并不完美，甚至可以说你已经走入了时间管理的另一个误区：不给孩子留一丁点儿自由支配的时间。这样做的结果只能是削弱孩子的自主管理时间的能力。

关于这一点，苏联教育实践家和教育理论家苏霍姆林斯基早就给出了前瞻性的看法，这些看法和建议在今天仍然非常有用。

苏霍姆林斯基说："学生的学习日常被各种学校的功课塞得越满，给他留下的供他思考与学习直接有关的东西的时间越少，那么他负担过重、学业落后的可能性就越高。"

"要想克服负担过重的现象，就得使学生有自由支配的时间。拥有自由时间是丰富学生智力生活的首要条件。我们要使学生的生活中不单单只有兴趣，还要使学习富有成效，那就需要给学生自由时间。"

再回过头来看看我们的时间管理表，是不是从孩子早上起床到晚上睡觉都填满了各种课程和各种作业，还有各种课外班？有没有给孩子留一些空余的时间，让他们得以做自己喜欢做的事情，哪怕是什么都不做，仅仅发会儿呆呢？

长时间地从事一件枯燥的脑力劳动，带给孩子的是学习愿望的降低，学习兴趣的减弱，这不仅对孩子智力的发展没有多大益处，甚至对孩子的健康都会造成威胁。现实中，我们孩子的生活中有太多这样的学习负担，这也是众多中小学生厌学的重要原因。这也是为什么我们前面提到，在和孩子制订时间管理计划的时候，一定要留有余地的原因。不要把时间卡得太死，让孩子有从中回旋的机会。

事实上，孩子需要自己的自然空间和心理空间。

给孩子自由支配的时间，让他们可以走近自然，走近生活，亲近泥土、小草和溪流，认识蒲公英、蚂蚱和蟋蟀，认识和理解风霜雨雪、草长莺飞、四季更替……沉浸在大自然的怀抱里，愉悦身心，陶冶情操，促进身心和谐健康。而远离自然的童年是不完整的，是缺乏色彩和激情的，孩子也因此会成为飘在空中的"无根人"。

教育的核心宗旨就是引导人追求并最终得到幸福，从小剥夺、支配孩子自由活动的时间，磨掉了孩子的激情、梦想，让他们变成心如止水、墨守成规的小老头、小老太，这显然有悖于教育的本意和初衷。

不要让你的时间管理表变成指挥孩子的命令，变成使孩子成为傀儡的工具。试着跟孩子说"做完了作业，剩下的时间你自己安排吧"，让他们拥有幻想的空间和自由，品尝童年的快乐。

心理学研究表明，孩子在成长的过程中，需要走出父母的视线，开拓出一片属于自己的自然空间和心理空间。而这种空间的扩大其实就是孩子自我意识不断增强的过程。在这个自由的空间里，孩子能够随心所欲地去做自己喜欢的事，慢慢地学会自己去安排时间，从而主动、自觉地打理好自己的生活，把各项任务安排得条理分明，最终能独立生活。

如果我们把时间管理表安排得事无巨细，甚至连什么时间出去玩什么都一一列明，那么孩子的生活不仅会受到限制，思想也一样会变得贫瘠。

久而久之，孩子反而不会安排自己的时间了。长大以后，一旦脱离父母的怀抱，面对大把的时间，反而会无所适从。

所以，父母一定要注意，不要把孩子的时间安排得太满，放心地给予孩子适当地自由支配时间的权利，让孩子在自由中慢慢学会管理自己。

当然，自由支配时间也是有智慧的。

自由支配时间并不意味着浪费时间，滥用时间，把时间都拿去打电子游戏也是不可取的。怎样让孩子利用好自由支配的时间，苏霍姆林斯基给我们提出了一些意见：

第一，"教给儿童利用自由支配的时间，这就意味着尽量做到让有趣的、使儿童感到惊奇的东西同时成为儿童的智慧、情感和全面发展所需要的、必不可少的东西。换句话说，应该使儿童的时间充满使他们入迷的事，而这些事又能发展他们的思维，丰富他们的知识和技能，同时又不致破坏他们童年的情趣"。

第二，"给儿童提供自由支配的时间，并不是说让他们有可能爱干什么就干什么"。"教会儿童利用自由支配的时间，不是靠口头解释，而是要靠组织活动，靠示范，靠集体劳动。"

第三，"教会儿童自由安排时间，就是要使学生培养出合理的爱好"。

第四，"学生的自由时间来自课堂：明智的、善于思考的教师能给学生赢得自由时间"。

来看看苏霍姆林斯基领导的学校是怎么做的。为了给孩子们更多的自由支配的时间，孩子们早上起来写家庭作业，学校上午安排紧张的脑力劳动，下午则是完全属于孩子们"自由支配"的时间。

在下午，学生们可以根据自己的兴趣爱好，参加阅读、各学科兴趣小组，或者其他各种各样积极的课外活动。这些活动的目的是激发孩子们以所学的知识为基础，进行创造和完成各种任务。而教师们的主要任务则是激发、组织、引导和帮助学生去找到他们所喜爱的活动。

这样做的结果是每一个学生都能从自由安排的活动中找到自己想要深入研究的领域,从而更好地发挥创造力。可见自由支配时间有多重要。

另外,父母需要多陪伴孩子进行一些适当的活动和游戏,多陪孩子逛公园,去游乐场,或是参加一些文化活动。对于这样的活动,孩子往往都会很感兴趣,并非常愿意同家长一起参与,不但可以使孩子很好地放松身心,还能增进亲子之间的感情,可谓一举两得。

最后,也是最重要的一点,要用规则和秩序来约束孩子的自由。在自由时间面前,一定要让孩子懂得遵守规则,比如,安全第一,不能只玩电子游戏,避免和朋友发生冲突,等等。社会要想正常、有序地运转,必须有规则和秩序作保障。而孩子要想真正学会独立也是一样,他必须清楚了解,自由不是漫无边际的,是要受到一些制约的。

第四节 特殊时段时间管理

1. 考试规划

对于处于学龄期的孩子来说，考试期是一个比较特殊的时期。在这一阶段，孩子要面临紧张的复习，这时候，作息时间管理表可能要进行调整，许多兴趣班学习也可能暂时让位于复习。到了真正的考场上，孩子依然要学会应对考试时间不够用或者用不完。这时候，需要家长帮助孩子调整作息时间，进行考试前的准备，也需要教会孩子如何安排考试中的时间。

在考试前一天，要进行充分的准备。

首先，要了解考试当天的天气，给孩子准备好考试那天要穿的衣服，以免考试当天发生选择困难，在穿什么衣服上浪费宝贵的时间，以保证孩子尽量放松心情，不去在意考试以外的事情。

其次，家长要提前规划好行程，特别是开车的家长，要留出足够的时间，以避免堵车或者突发状况引起迟到，还要提前找好停车地点，保证在送孩子到学校后不会因为寻找停车位浪费时间。

再次，要提前给孩子准备好学具，发现没有的提前购买好。

如果是青春期的孩子，女孩子的生理期一定要关注到，如果孩子会痛经，提前准备好卫生用品和相关的药物，以免出现尴尬的情况。

注意孩子的身体情况，特别是寒假前的考试时期，正是各种感冒的高发期，如果孩子有发烧症状，在身体条件允许的情况下再去参加考试，否则尽量选择不考，毕竟身体第一。如果要带病参加考试，一定要记得备好药物，并让孩子提前服药。

在考试前一天，做一点适当的复习，但不要过量，简单过一下基础知识点，给孩子一个"你可以考好"的心理暗示。

最后，让孩子早睡觉，不要熬夜复习过多，以免大脑出现混沌，帮助孩子争取一个良好的精神状态。

考试当天的注意事项如下：

考试当天，比往常如下：早10分钟左右起床、洗漱和吃饭。给孩子吃一些清淡、容易消化的早餐，不要让孩子吃得太饱，适当就好，不要喝太多水，以免孩子考试的时候想上厕所。

给孩子留有充分的时间进入考场，以便逐渐适应紧张的氛围。孩子进校园之前，给孩子一个安详的拥抱和一句充满信心的祝福语，让孩子放松心情，带着愉悦的情绪参加考试。千万不要在孩子进入考场前还施加压力，说什么"这次一定要考好啊，考砸你就等着瞧吧"这种话，否则孩子真的可能会考砸的。

也千万不要和孩子闹别扭，避免和孩子争吵，让孩子带着负面情绪去参加考试，那会是一种相当糟糕的体验。要让孩子明白，无论考好与考坏，爸爸妈妈都是会支持你的，只要你尽力就好。在孩子进入考场前，只要重申一遍"认真读题，考完检查一遍，把最难的题留到最后解决"。对孩子重复类似这些具体应对考试的小措施的话，给孩子一个好的提醒，哪怕他没有听进去。

最后还要提醒孩子，考试结束后要带好自己的东西，不要丢了学具，听从监考老师安排，有序离开考场。

孩子考试中的应对技巧如下：

一般来讲，在正式考试之前，老师已经给孩子们进行过模拟考试，让孩子对题型和题量都有一个事先的了解，所以，每科有多少题，涉及哪种题型，哪一部分可能比较难，对于细心的家长来讲，都已经了解过。通过模拟考试，家长已经了解了孩子的弱项在哪里，应该注意的地方在哪里。

所以，对于考试的时间规划，其实在真正考试之前，就应该做到心中有数。下面几个原则是需要遵守的：

首先是根据试卷的难易程度来规划时间。比如，一张试卷，通常情况下，是后面的题目会比较难一些，所以要提醒孩子注意抓紧时间做题，做到简单的都做对，然后留出足够的时间攻克后面的大题。对于答不上来的题，也要注意尽量写出应有的步骤。很多大题都是有步骤分的，能写多少写多少，哪怕最后的结果不对。这就要求孩子在平时的写作业过程中，一定要注意答题规范。

其次要规划出检查的时间。如果一场考试需要 60 分钟，那至少得留出 15 分钟进行检查。但是 15 分钟怎么能全部检查完呢？教给孩子一个小技巧，即检查那些已经做了但是还不太确定对不对的题目。这就要求孩子在答题过程中，遇到自己不确定的题目时先用铅笔做一个标记，然后用剩下的时间重点攻克这几个题目。

如果卡在一道题上，不要犹豫，立刻跳过。考试中时间是最重要的，任何一道题都不值得消耗太多时间。比如，填空题 3 分钟做不出来要立刻放弃。大题 5 分钟想不出来解题方法也要立刻跳过。既然提前规划好时间，就要严格遵守规划，只能更快，不能更慢。所以要告诉孩子，如果一道题耗费了很长时间也没做出来，最好先跳过，等把其他题目都答完之后，再反过头来攻克难关。不要让攻坚战变成消耗战，导致其他题目因此没有答完。

2. 假期时间管理

寒暑假对于孩子们来说也是一段特殊的时期。家长们一方面可以利用假期，多陪陪孩子去外面的世界见见世面，或者带孩子去感受大自然；另一方面也要督促孩子完成寒暑假作业，并且让孩子利用这一段休闲的时间更多地接触新生事物。

有的孩子到了假期就变得慵懒，时间一天天过去，好像什么也没有做，甚至连寒暑假作业都拖到最后一天才匆匆完成。还有一些孩子则在家长的安排下，在各种补习班、兴趣班之间奔忙，结果假期过得比上学还忙碌。这是两种都不可取的极端行为。

因此，帮助孩子做好假期时间管理也是非常重要的，家长可以和孩子一起通过以下几大步骤的行动，实现对孩子的假期时间管理。

第一，制定假期生活计划表。

征求孩子意见，假期有什么安排，把能想到的都列出来，作业、做家务活、旅行、考察、锻炼、学习一项新技能等，把各种安排的想法落于纸面，有利于把假期生活安排得有条理和有次序。注意，想到什么都列出来，然后再商讨可执行性。

第二，安排好假期学习活动。

按照学校的要求，把假期作业列为优先而且必须要完成的内容，在做活动计划的时候，首先要安排好做假期作业的内容。比如我们可以每天用一到两个小时完成学校要求完成的学习内容的功课，保证留出完成这些学习活动所需的时间。尽量安排均匀，而且要避开出门旅行的时间。有的孩子喜欢刚放假就把所有作业都做完，然后放开了疯玩，也未尝不可。但是这时候需要家长费心，给孩子安排一些有益健康的活动。

第三，安排好锻炼身体的内容。

假期是难得的锻炼身体的好时机，孩子可以抽出大量的整片时间进行某一项体育活动。可以考虑让孩子在假期进行某一项体育竞技的训练，或者每天跑步、爬山、游泳等，根据孩子的情况和自身条件，选择适合孩子的锻炼计划。

第四，安排好文化娱乐时间。

每个孩子都有一些自己的个人爱好和兴趣，家长可以考虑让孩子利用时间学习一些新技能，比如学绘画、游泳、舞蹈等。假期应该是轻松愉快的，可以让孩子把平时学习的时候没有时间和精力来做的事情放到假期里做，完成自己的愿望。

第五，安排好睡眠和饮食。

没有学校作息时间的约束，孩子难免在家好吃懒做，晚睡晚起也是常有的。尽量让孩子早睡觉，比平时晚起一点儿可以，但不能晚太多，容易精神涣散。还是要养成有规律的作息，养成在某个时间段固定干某件事的习惯。

饮食上更不能随心所欲，在家不能胡吃海塞，要健康饮食，少吃零食，少喝饮料，杜绝油腻和大鱼大肉。

第六，安排好旅行。

孩子在旅行途中收获的东西远比我们想象的要多得多。从孩子很小开始，家长就可以带着孩子旅行了。最好提前一个月以上就安排好旅行的具体时间和行程，这样有助于孩子事先对旅行地有一些了解。

引导孩子在旅行中观察自然风貌，了解当地风土人情，如果孩子喜欢记录就更好不过。无论是通过摄影、写作还是绘画，都可以让孩子体验记录生活的幸福之感。

第七，安排好家务。

假期里，父母仍然要上班，可以让孩子主动为父母分担一些家务，无论多小的孩子都可以按照具体情况、能力大小安排家务劳动，这不但能减轻父母的负担，而且可以帮助孩子锻炼劳动能力、自理能力。也可以给孩子定一个小小的目标，记下来这个假期要学会做的家务，必要时给予物质奖励，或者"工钱"。不用担心孩子会为了钱而工作，要让他们懂得挣钱的不易，慢慢懂得理财的概念。

第六章
30天时间管理训练法则

第一节　家长首先要调整自我

对于刚刚进行或者准备进行时间管理训练的家长和孩子来说，真正的时间管理是一个循序渐进的过程。要想维护好这个过程，让孩子坚持下去，至少要经过30天，也就是四周的渐进训练，帮助孩子一步一步迈向自我管理的目标终点。

但是，可以预见，在这个过程中，几乎不可避免的是，家长会产生很多情绪问题——生气、焦虑、急躁、沮丧，等等，不一而足。可以说这些情绪成了时间管理顺利进行下去的绊脚石。所以，时间管理训练流程的第一步，是家长学会情绪管理。只有和孩子沟通时有一个稳定、平和的心态，有良好的情绪，遇到问题时才有可能顺利解决，而不是陷入僵局。

家长首先要学会与孩子平静沟通。当你能平静地与孩子沟通时，才能真正解决问题。这样不仅节省了时间，而且能保持良好的亲子关系，更重要的是学会了情绪管理，不仅大大提高了情商，而且因为更关注问题本身而提高了解决问题的效率和能力。在此，家长可以试一试"一离二吸三凉水"的方法。

"一离"是指离开，当你感到和孩子有冲突时，先迅速离开让你生气的人和现场，去自己的卧室或者卫生间，看看自己在镜子中的面孔，瞧瞧自己生气的样子有多恐怖。或许，你是第一次意识到生气原来这么难看，这么恐怖，孩子怎么能不害怕呢？

孩子在害怕的时候，是没有心力去听你讲道理的。所以你需要离开，让自己平静下来。新闻里播放的家长打伤孩子甚至打死孩子就是情绪导致，越打越来劲，根本控制不住。如果我们不能控制情绪，有一天很有可能也会成为那样的家长，尽管那是你从来不愿意承认也不愿意看到的。

记住，生气的时候立刻离开，眼不见心不烦，等情绪稍稍平复之后，再和孩子沟通。

"二吸"是指深呼吸，找一个安静的地方放松，深呼吸，冥想。对着镜子照照自己，深呼吸四五次，随着你转移注意力到呼吸上，你的情绪会沿英文字母U的倒型曲线慢慢回落，各种情绪信号减弱、消失，你的情绪渐渐平静了，镜中的你变得平和了。

"三凉水"是指用凉水洗脸。如果前两步还没有让你从生气的情绪中解放出来，那就用凉水洗脸，也可以喝点儿凉白开，让自己的理智恢复。

保持冷静和理智之后，再去面对带给你压力的孩子，否则就是教训孩子，而不是教育孩子。只有心平气和地和孩子沟通，孩子才能从中吸纳有用的信息，让自己跟上家长的思路。

其次，家长要学会缓解压力。

现代社会，压力是每一个家长都要面对的问题。我们进行压力自检，就是给情绪找个出口。情绪需要流动，人不能总停留在一种情绪里面，当压力比较大、心里很烦闷时，要给自己的情绪找个出口，别把气撒在孩子身上。当家长的压力缓解，自然也更容易用心平气和的语气对孩子讲话。

家长可以试试以下这些方法为自己解压：

一是找一个属于自己的私人角落。强烈建议各位家长在家里找一个自己的专属角落，这个地方只属于你自己。和家人约定，当你进入这个角落时，就不能被打扰。在这个角落，你可以做各种让自己身体放松的活动，比如听轻音乐、做瑜伽、冥想……

二是要短暂抽离俗世生活。从忙碌中抽身出来，为自己安排时间从事感兴趣的活动，如爬山、游泳、健身、阅读、看电影……在思想上放空自己，不要被家长里短打扰，尽情享受当下的美好。等结束这段旅程，再回到家庭，你就会发现自己的心情比之前好了很多，可以从容应对孩子的各种状况了。

三是寻求家庭成员的帮助。当父母感觉孤立或感到所承受的压力超出自己的承受范围时，寻求家庭成员、朋友的帮助会很有效果。要有至少三个无话不谈的朋友，经常跟朋友沟通可以缓解自己的压力。

四是培养良好的生活习惯。增加运动量，养成健康的饮食习惯，保证充足的休息和定期的放松可以改善一个人对压力的调适能力。每周心率在120次/分的运动至少要有3次，每次坚持30分钟以上。睡眠要保证7—8小时。

第二节　四周训练法养成流程

通常来讲，从让孩子有时间意识开始，到顺利执行时间管理表上的各项任务，需要 4 周的训练时间，这 4 周是形成这一管理模式的过程，对于初学的孩子来讲非常关键。再算上提前准备的 2 天时间，差不多需要 30 天时间的训练才有可能完成。需要注意的是，这个训练过程是循序渐进的，家长不可心急，一步一步按照每一周的任务来，保证完成目标就好。下面我们以学习时间管理为例，看看通过 4 周时间的训练是如何让孩子从磨磨蹭蹭到高效学习的。

第一周，建立孩子的时间观念。

这时候，先不用着急制定时间管理表，我们需要全面地了解孩子的时间和作息，看看时间都用到哪儿去了。这是孩子建立时间意识的第一步。

关于如何建立孩子的时间观念，我们在前面的内容中已经专门讲过。但是，从第一周开始，家长有必要按照时间管理表上的内容，有针对性地训练孩子的时间意识。

第一步，就是先事无巨细地记录下孩子每一天的活动，每项活动在几点进行，花了多长时间，把每天活动的时间、地点、时长都记录下来。这个记录还包括家长接送孩子的时间，以及等车的时间，等等。总之，尽量详细，精确到每一分钟。

等到这一周过去，家长再回过头来和孩子审视一下这一周的"战绩"，你就会发现，原来一周能做这么多事情。这时候，我们也就很容易能从这项完整的记录中发现，原来哪些活动用了太多时间，还有什么活动时间不够用，以及哪些活动是没有必要的。所有这些都一目了然。

第二周，训练孩子写作业加快速度。

这时候我们才进入正题，根据第一周的数据和内容，我们已经知道每一周、每一天需要完成哪些事情，现在我们就可以根据之前所学的，将学习任务排序，给每一件事情列好象限，然后再把它们安排在时间管理表的合适位置。然后，我们就能和孩子欢欣鼓舞："去做吧，加油啊孩子！"

例如：按照轻重缓急把孩子的任务进行分类，分为A（重要，紧急且重要的事务）、B（次要，包括紧急不重要和重要不紧急的事务）、C（一般，不重要不紧急的事务）三类。

对于成长过程中的孩子来说，吃好、睡好、玩好、学好都非常重要，"学"分为学校学习和课外学习两种。我们认为孩子拥有充足的睡眠、一定的自主时间、完成学校作业等属于紧急而重要的A类任务，健康的饮食、适当的运动、定期交友属于次要的B类任务，其他的如课外作业、练琴、学棋等属于C类任务。按照时间ABC法，合理安排各项任务的优先顺序。例如，在保证充足睡眠时间的前提下，首先完成学校老师留的作业，其次是保证孩子拥有一定的自主时间，最后是适当地运动，如果还有时间，才是完成奥数等课外班的作业、弹钢琴、阅读等。

当然这不是标准答案，每个家庭都可以有自己的标准来划分ABC类任务，孩子成长中常常没有所谓对与错，更多时候用是否有效来衡量。

在这一周，我们有一个重要的目标，就是提高写作业的速度，注意是提速，先不要苛求孩子作业有质量，我们首先要求孩子迅速完成，先完成后完美，一步一步来。

这时候，计时器可以派上用场，给孩子固定一个时间，鼓励他们在这段时间内完成作业,其间,不要有任何打扰,按照前面介绍的,把干扰因素和孩子写作业期间那些容易犯的毛病都放到写作业之前去排除和解决,给孩子一个纯粹的写作业的环境。这时候,要求家长不要无所事事或者玩手机、看电视,最好陪在孩子身边,做一些安静的有益的活动,比如阅读。

除了时间管理表,我们还可以设计星星表和礼物表,如果孩子能在规定时间内完成作业,就奖励孩子一颗星星。等星星达到一定数量,就可以结合礼物表兑换相应数量的礼物。相信我,这一招对于处于学龄期的孩子特别管用,特别是小学低年级的儿童。对于大一点儿的孩子,父母只需要把奖励改一下,变成他们最希望的就好。

第三周,帮助孩子提高作业质量。

到了这一周,我们需要稍微调整策略,关注孩子作业完成的正确率。如果孩子能够在规定时间内完成,还能够保证一定的正确率,那就可以给孩子多加一颗星星。如果正确率很高,可以把星星设置成红色,给红星奖励。一颗红星奖励所兑换的礼物等级会比普通星星高很多。这样的激励对于孩子来讲是一个非常大的动力。

当然,要根据孩子的情况来,家长不必要求孩子百分之百都正确。有的孩子能做对80%,跟过去相比,可能就是一个非常大的进步。所以,正确率的标准可以适当调整。在这个过程中,要注意让孩子养成自己检查作业的习惯,家长不要全权代劳。

第四周,提高孩子的学习效率。

到了第四周,要求又比上一周严格一些。家长首先要有一个判断,就是孩子能否做到更好?如果答案是肯定的,那就给孩子定一个更高的要求。比如,在规定的时间内,以更高的正确率完成作业。这时候,不仅把上周完成同样作业量使用的时间缩短,还提高了准确率的标准。

当然，不能给孩子造成过大的压力，我们需要更高的激励政策来促使孩子自发地去达到这一目标。这时候，星星奖励可以设置得更多，如果孩子能在更短时间内更高效率地完成作业，将会得到比原来一倍还多的星星奖励。

当然，也可能遇到的情况是，孩子的发挥不太平稳，可能昨天得到两颗红星，今天得意了，就什么星星也没有，作业错得一塌糊涂。怎么办？为防止这种状况发生，可以跟孩子商量设定轻微的惩罚机制，注意是轻微的惩罚，比如，设置黑星制度。如果孩子没有在规定时间内完成且仅达到基本的正确率，或者没有完成任务，就给一颗黑色星星。这颗星星会抵消掉先前的普通星星。

以上是我们针对孩子写作业的时间管理所作的流程介绍，家长也可以同时加进身体锻炼、阅读、卫生习惯等内容，按照四周训练法步骤，循序渐进，引导孩子培养良好的时间管理能力。

第三节 细分时间单位，让执行结果清晰明了

股神巴菲特有一条自己的时间管理原则，就是把所有的精力都专注地运用到自己最擅长的方向。有一个小故事恰恰说明了他是如何进行目标规划的。

巴菲特的私人飞机驾驶员叫麦克，有一天他问巴菲特："老板，我好迷茫，每天都在学习，却不知道自己的未来在哪里。"

巴菲特说："你写下25个目标。"

麦克照做了，然后巴菲特说："你从25件事中挑选出最重要的5件事。"

麦克又照做了，这样他就将25件事分成了最重要的5件事和比较重要的20件事。

麦克恍然大悟："老板，我知道了，我应该先达到这5个目标，其他20个目标有时间再慢慢达成。"

巴菲特说："错，先完成5件事，另外20件事不要去做，不要花任何时间和精力给它们。"

巴菲特想说的是，对于时间管理，我们要把有限的宝贵的时间和精力放在最有价值的事情上。而那些不那么重要的事情就要果断地砍掉，否则

还是陷入了瞎忙瞎折腾的境地。

巴菲特所讲的原则和道理其实我们都懂，但为什么在执行过程中还是完成不了，更谈不上完美呢？那是因为，我们进行时间管理除了宏观上要布局，还需要以目标为导向，来促进更加精细化的、量化的执行。

对于孩子来讲，每天按时完成作业，每天锻炼身体，每天阅读，每天弹琴，每天上兴趣班，都是宏观的看得到的行为。你可能会发现，时间管理表上的任务，孩子都完成了，可是好像见不到什么成果，会疑虑这么进行时间管理还有意义吗？

那么，24小时能细分到什么程度？

有一套时间管理的细分法则，或许我们可以从中借鉴。把一天的时间细分，每15分钟为一个时间单位，这样一天24个小时就分成96个时间单位。

睡眠8个小时，占用32个时间单位，另外有8个小时用于家庭、朋友联络、通勤和一般生活事项，也占用32个时间单位。

这样一天就剩下8个小时能用在工作和事业上，也占用32个时间单位。对这32个时间单位，我们要进一步划分和明确每一个时间单位的用途。我们首先把要做的事根据重要和紧急程度排列，然后给这些事情各自分配时间单位。这就保证了你总是把时间精力花在最重要的事情上。比起光知道把时间花在最有价值的事情上，有了这套细化和量化的时间管理方法，我们就能更好地遵循巴菲特推崇的时间管理方法。

做到了细化和量化，执行效果就非常好衡量，这样能一目了然，怎么做也非常清楚。

但是对于孩子来讲，我们可以调整各个时间单位的用途。首先，孩子的睡眠需要保证在10小时左右，也就是40个时间单位。这样，一天96个时间单位就剩下了56个。那么，其中32个时间单位，需要把它们都分配给最重要的事情——身体健康和学习。剩下 24 个时间单位可以分配给其他事情。

注意，在关键的 32 个时间单位之内，尽量让孩子集中精力完成那重要而且必须完成的几件事情，不要分心，不要安排其他事情。

细化、量化目标，检验执行结果。

按照之前学习的内容，我们可能给孩子制定了诸如每天看 10 页书，每天锻炼一个小时这种看起来已经很具体的量化任务了，而且，孩子也能按照管理表上的要求来做。但是，做到这样其实是不够的。很多家长可能会遇到这样的问题，发现孩子每天书也读了，身体也锻炼了，但是好像没什么变化。问题就在于没有检验标准，对于孩子到底做得怎么样，家长没有进一步的监督和跟踪，有时候孩子敷衍过去，家长也不会知道。

比如读书这件事情，孩子说 10 页读完了，那读的效果怎么样呢？没有量化标准。家长也许会问，这还怎么量化呢？家长要做的最后一步工作就是检验，但是不要让孩子觉得你是在怀疑他，或者考验他。要用聪明迂回的方法，不定时地监督孩子的任务完成和检查质量。比如，可以事先就和孩子约定好，每天或者每周让孩子大概给你讲讲书中的内容，或者让他们记一下读书笔记，顺便还养成了记笔记的好习惯，这一习惯对促进孩子学习的作用非常大。

落实到做作业上，我们可能还会碰到这样的情形：我们常常让孩子学习要认真，检查要认真，孩子说"我已经很认真了"，可是结果却不尽如人意，孩子的作业总是有错误，家长急，孩子也急，双方陷入冲突的状态。

其实，我们完全可以量化"认真"这种语意的词，把它的事项转换成具体数量，分层操作。例如对于检查作业，我们可以用如下标准来衡量：当孩子把作业拿给家长，已经检查、改错、全部做对的给 6 颗红星；需要返回去（第一遍）检查、改错、全部做对的给 4 颗红星；需要再返回去（第二遍）检查、改错、全部做对的给 2 颗红星。

如果检查两遍还是有错误，家长要暗示孩子错误在哪里，或者直接告诉他错误的题目是哪道，以便孩子节省时间，快速解决问题，而且不会因此产生不必要的挫败感，给 1 颗红星。如果孩子放弃改错，不得这项红星，要尊重他的选择，同时提醒他作业成绩可能也不会太理想。

当你的孩子在执行时间表计划过程中出现了写作业有速度没质量的情况时，一定要想想以下两点：一是是否制定了标准。制定好质量标准，告诉孩子怎样的作业是一份好的作业，可以变得可操作。第二是鼓励孩子。通过星星表进行物质奖励，或通过询问"你是怎么做到的"进行言语鼓励。

第四节　定期复盘总结经验，适当调整目标

前面我们讲过，定期召开家庭会议将会对时间管理的进行起到很重要的监督作用。时间管理不是一蹴而就的，需要不断地微调计划。所以，定期在家庭会议上复盘总结经验，适当调整目标，也是时间管理不可或缺的一环。

当然，复盘也不一定非要在家庭会议上进行，对于一些细小的、及时发现的问题，完全可以随时复盘，随时解决。

复盘是系统的总结。复盘就是通过回顾目标和结果、分析原因来总结经验，并做出改进。可以说，复盘是系统的总结，总结是简化的复盘。

复盘可以帮助我们避免犯同样的错误。比如，在30天时间管理训练流程中，每一周结束都需要进行一次复盘。第一周结束，我们可以从复盘中找出自己的时间黑洞，可以发现有哪些事情是我们不必要做的或者花了太多时间去做的，哪些时间被我们浪费掉了。下次进行第二周的规划时，我们就能制定出相对合理的时间策略。

复盘还可以帮助我们固化流程，比如，时间管理清单上所呈现的就是一种流程。当我们和孩子长期坚持后，形成一种惯性，这种流程就被固化下来，不仅成为孩子的一种习惯，同时也促成了孩子形成一种思维方式。复盘让这种流程通过反复的实践得以固化。

复盘可以帮助我们不偏离初衷。比如，家长想帮助孩子形成每天背一

首诗的习惯，通过定期的复盘，我们就能了解这一周或者这一个月，孩子的完成程度，家长的督促程度，以及我们有没有偏离初衷。

复盘可以帮助我们探索适合孩子自己的方法。每个孩子的情况都不一样，所以不能指望一本时间管理的书能够适合并有效指导每一个孩子。对这个孩子有用的方法在另一个孩子身上就不起作用，也是很正常的。家长在执行过程中，要不断地反思和总结哪种方法才是对自己孩子最合适的方法。这就需要定期复盘，查漏补缺，及时更正。

在生活中，我们可以把一周的时间管理结果拿出来和孩子一起看看，让孩子找出自己做得最棒的一件事，探究它为什么能够做成功。再找出一件做得不好的事情，搞明白为什么没有做好，总结出克服困难的方法，探讨如果下周遇到同样的问题应该怎么办。

在复盘一件事情时，可以采用 3W 法，让孩子对事情的来龙去脉做到心中有数。

◆ 首先是 why。问问孩子为什么要做这件事？为什么你会这么做？为什么结果会这样？比如每天练琴这件事情，问问孩子这三个问题，首先让孩子回答，如果孩子回答不出来，家长可以进行引导。比如，孩子也许会回答，学习钢琴是为了考级，所以每天要练习，可是没有练好，这周连一首钢琴曲都没有学下来。

也许家长会这么纠正孩子，学习钢琴是为了用音乐熏陶你的品性，只有勤奋练习才不至于退步；要想更上一层楼，需要坚持不懈的练习。之所以一首都没有学会，一是因为练习得不够，二是因为练习的时候没有按照老师提的要求进行。

在这个过程中，通过问这三个问题，可以让孩子更加清楚学习钢琴的初衷，找出效果不好的原因，总结经验，从而纠正下一周的做法。

◆ 其次是 how。问问孩子这件事可以怎么做？做这件事可以分为几个阶段？怎么保证目标顺利完成？比如，还有两周就要期末考试了，问问孩子是怎么复习的？复习分为几个阶段？每天怎么计划才能完成复习任务？如果孩子没有清晰的答案，那么和孩子一起找到一个合适的答案。

◆最后是 what。问问孩子出现的问题是什么？你都做了什么？实际结果是怎么样的？还是以期末前的复习为例，问问孩子，复习进度怎么样了？有没有按照计划进行？实际结果是怎样？你完成复习任务了吗？经检验，你的复习有效果吗？

孩子可能会遇到很多问题，比如，发现还有很多知识没有复习完，或者有的知识点没有掌握牢固；家长帮助孩子自查或者阶段的模拟考试，孩子的成绩并不理想；等等。搞明白问题所在，我们就清楚该怎么做了。也许我们需要调整一下复习计划，把上周错过的复习内容和重点难点作为下一周计划的重点内容，不断改进才能有进步。

以下是一位妈妈复盘的自述。

大家好，我是腾宝妈妈。老祖宗很早就知道时间管理的重要性，所以有了"一寸光阴一寸金，寸金难买寸光阴"的金句。在飞速发展的现代社会，时间管理更是一项挑战。

谈谈我家时间管理的效果：我家孩子现在上学前班，前天刚满6岁。严格来说，孩子的时间管理已经有两年时间。我从中班开始就培养她的习惯，和她一起做周计划，坚持了两年，初见成效。

她做日常生活中大部分事情不需要我当"人形闹钟"，不过也有不足的地方，比如，孩子看书入迷忘记时间，或者到运动时间就选择比较省力的运动。

我就采用了一些新的方法，比如和她一起制作梦想蓝图，一起画时间饼图，还把时间饼图贴在床上，睡觉前看一下自检，和她一起观察沙漏，她自己做便利贴，制作时间表及做各种游戏，还是玩得很开心。

经过一段时间的坚持，腾宝的家庭作业基本不需要我辅导了，自己独立完成，自己检查。她能很清楚地分出事情的轻重缓急，会给自己的事情归类，偶尔忘记时间的时候我会提醒她一下时间，她就会马上记起来现在我们要做什么，有时候也会偷懒一下说："妈妈我还想休息5分钟，我自己计时。"过后依旧会按计划做自己的事情。

我们对于时间管理的坚持已经有两年了，可能有的家长会说我们家坚持了一周孩子就耍赖不愿意，这个时候我们需要什么呢？当然是温柔的坚持，让孩子知道你的底线在哪里。孩子都很聪明，知道你的底线后他们都不会主动去触碰，还有一点就是刚开始做周计划的时候不要把时间卡得太死。例如：6点到6点半吃晚饭，6点半到7点散步，7点到7点半朗读……我们把时间安排得宽裕一点儿，让孩子有个缓冲的过程。晚饭和散步中间我们穿插个做家务，这样孩子既参与了家务劳动又不会觉得赶，在散步和朗读期间增加个吃水果，散步回来我们吃点儿水果，喝点儿水润润喉，然后朗读的时候是不是更清脆悦耳呢？

还有一点就是一定要每天列待办清单，相信我，每个人都会享受从待办清单上划掉一项的成就感。腾宝非常喜欢这一项活动，每天都抢着干，能获得成就感也是大家去管理时间的动力之一。

时间管理是一个漫长的过程，切忌一开始就要求完美。请遵循循序渐进的原则，一步一步地来。育儿不易，一些小心得跟大家分享，和大家共勉。

厉害的是腾宝，更厉害的是腾宝妈妈，能够坚持两年之久。所以说罗马不是一天建成的，学霸也不是一天练成的，一切重在积累和坚持。

第五节　赞美和奖励永远不嫌多

对于孩子来说，赞美的话语和奖励的办法永远都不嫌多。赞美可以增强孩子的自信心，一个人的成功离不开鼓励和赞美。如果没有鼓励和赞美，孩子在精神上会比较失落。适时地给予孩子鼓励和赞美可以使孩子获得力量和希望。

赞美可以增强孩子对父母的信任感。父母对孩子的言行做出正确的评价，并经常予以赞美，家庭里产生一种新的氛围，有助于父母与孩子之间建立一种积极的关系，使彼此更加接近和信任。

赞美还可以增强孩子的成功欲望。家长对孩子的成功表示赞美，可以强化孩子获得成功的情绪体验，满足其获得成就感的需要，并能使孩子自我感觉良好，继而激发尝试的兴趣和探索的热情。

在时间管理中，赞美和奖励都是有技巧的，正确的赞美才能达到事半功倍的效果。

以下有关赞美三段论的表述供读者参考。

第一是描述你所看到的好现象。例如，我今天看到你自己收拾书桌啦，你的房间看起来变得整洁多了。如果我们正在帮孩子培养按时完成作业的习惯，那就一定要抓住他现在做得好的地方，及时给予鼓励。比如说："你能这么快就去写作业，真是太好了。"

第二是描述你的感受。例如，"看到你的房间这么整洁，我感到非常舒服惬意"。如果是帮助孩子建立良好的写作业的习惯,那就多关注他近期的作业,找到优点,给予具体的赞美。比如说:"这个数字2,你比以前写得好看多了,妈妈看着非常舒服。"

第三是用具体的语言描述孩子的好行为。例如,"你把笔放进笔袋里,书都摆在书桌一旁,真是井然有序"。如果孩子今天练琴的时候效果很好,你可以这样说:"我看到你练琴之前先阅读了老师写的要求,你是按照要求练习的,对吗?这样果然效果好多了,妈妈为你高兴,你能主动按照老师的要求练习了。"

如果家长说不出来细节,不妨虚心请教孩子:"你是怎么做到的?"让孩子自己来总结。

建立"美言录",把每天的"美言"记在上面。

对于9岁以前的小孩子来说,"美言录"的作用异常巨大。很多家长朋友应该都知道,甚至使用过"美言录",但是你确定你会写"美言录"吗?

"美言录"其实很简单,因为它有固定的格式,就像写小学作文:我亲爱的儿子/女儿,你今天的××(行为)真的很棒,你是怎么做到的?

但是写"美言录"也很难,它有必须注意和坚持的原则:一是"美言录"中只能有好的行为、想法、感受,不能有任何期许的字眼,比如"期望""相信""越来越好"等。二是"美言录"中不能有任何负面词语,比如"问题行为""魔鬼行为""负面情绪""如果怎么样就更好了"等。

找一个漂亮的本子,争取每天给孩子写一段"美言录"吧,而且一定要每天念给孩子听哦。同样,贵在坚持。

来看看下面这些"美言录"对家长有没有启发:

我亲爱的男子汉:如今给你写美言已经成为习惯,每天看到的是你可爱的一面，以前我老是用挑剔的眼光看你，想想真是太过分了！现在的妈妈，一直关注你的习惯，昨天晚上，你把作业都以工整的字迹完成了，妈妈太为你骄傲了，你完全控制了自己的抵触情绪，做得那么完美，是怎么做到的？可以和我一起分享一下吗？

我亲爱的儿子：昨晚我们一起在楼下玩到8点半多，看你开心的样子，舍不得叫你回家。蛙跳你还可以来10个。扪心自问，我表示压力好大，真不知道你感觉童年过得怎么样。如果有机会，能告诉我吗？妈非常想知道！

我亲爱的女儿：你真优秀，你今天在没有人监督和没有人要求的情况下，自己增加背诵了一小段《千字文》，我感觉很惊喜，我问你是怎么做到的，你思考了一会儿，说是自己每天早晨听《千字文》，自然就脱口背出来了。

以下是一些对孩子进行奖励的小技巧，家长可以学习借鉴下。

◆ 第一是选择当下就能兑现的奖励。赞美和鼓励也不是万能的，尤其是家长使用不当的时候。比如，很多家长常常现在就开始对孩子说："等你考了第一名，假期我们就去旅游。""如果你表现好，你的生日就给你买游戏机。"这些较长远的承诺对孩子却没有太大吸引力。换句话说，只有把奖励放在孩子面前，强化学习诱因，孩子才会优先选择在当下努力。

所以，如果你真的想增强孩子的学习动力，对孩子说"期末考高分就给你奖励"，还不如说"读完这本书就给你奖励"。

◆ 第二是奖励孩子的投入行为，要让孩子知道，努力的过程比结果更重要。比如，只要孩子能坚持每天下围棋半小时，就奖励孩子两颗星星，星星攒到一定数量就能兑换礼物。不能等到孩子升到围棋几级或者几段才给予奖励，这会让孩子觉得遥不可及，从而失去努力的动力。

◆ 第三是让孩子参与奖励计划的制订。对于孩子们来说，奖励的有效性高低也取决于奖励的东西是否能满足他们。可以多问问孩子："有什么办法能让你放学立刻写作业？""如果给你奖励，你希望是什么？"让他们参与进奖励计划的制订中去，给他们提出建议和想法的机会。了解孩子的想法比一味催促要好得多。

◆ 第四是注重"励"而不是"奖"。奖励的形式有很多种：玩游戏、旅行、让孩子带朋友来家里吃饭等。而金钱一样可以作为奖励，只是要根据年龄来定。比如对于初中、高中以上的孩子来说，奖励金钱的效果可能更好。一定要采用具体的、物质性的奖励品，而非只是给他们抽象的赞美而已。而且要采用孩子最喜欢、最在意的奖品，而非对于他们而言可有可无的奖品。可以和孩子事前订立合同，并让他们参与进来，其表达形式大致是"你如果……我就……"。比如"你如果写完这10道题，我就让你玩10分钟游戏"。奖励重在"励"不在"奖"，最重要的是，家长一定要兑现承诺。

第七章
注意力管理

第一节　注意力不集中，时间管理效果将大打折扣

优秀的人都有一个共同点。

如果家长仔细观察，就会发现那些高效的人在执行一项任务时十分专注，仿佛周围建立了一堵墙，沉浸在自己的小宇宙里。而拖拖拉拉的人则瞻前顾后，三心二意，一会儿看邮件，一会儿玩手机。

高效与否，就在于是否有足够的专注力。被誉为日本"寿司之神"的小野二郎曾说过："一旦决定要做某一项工作了，就要沉浸其中，没有时间去抱怨，要把自己的整个生命都用来磨炼技能，这样才能成事。"

观察那些有名的职业运动员，或者围棋大家，以及世界知名的音乐家等优秀人物，他们之所以在自己的领域做出如此巨大的成就，都有一个共同的原因，就是注意力集中。比如，一个钢琴家，他每天只弹一个乐段，他会用好几个小时的时间集中精力攻克这一个乐段，直到把它弹得满意为止。

这是优秀人士必备的一种能力，就是在问题解决之前，能够集中注意力重复做同一件事情，直到做好为止。

国外一项研究报告证实：98%的孩子智商都是差不多的，只有1%的孩子是天才，也只有1%的孩子是智力障碍者。那为何在100个孩子当中，成绩相差那么悬殊呢？最主要的原因就是注意力不集中，无法持续地学习与做事，严重影响效率。

体现在时间管理表的执行上，你会发现，很多时候，孩子的时间管理没有执行到位很大程度是跟孩子的注意力不集中有关。

在教育这条艰辛的路上，只有少数幸运的家长能带那种省心的孩子，他们不用别人提醒、督促也能集中注意力学习，这样的孩子不但学习成绩优秀，其他方面也表现得很突出。但是，多数情况下，我们面对的可能是这种孩子：他们或多或少都存在注意力不集中的问题。

比如，乐乐是一名9岁的孩子，也是爸妈和老师眼中的"问题孩子"，经常上课不专心听讲，课下一做作业什么也不会，遇到期末考试，做的小测试经常只有四五十分……为此，班主任不是经常微信提醒家长，就是课下找家长谈话。

乐乐的爸妈也很苦恼，打也打过，骂也骂过，就是没什么效果。一边是繁忙的工作，一边是注意力不集中、老出状况的孩子，乐乐的爸妈因此患上严重的焦虑症。

和乐乐的爸妈面临同样苦恼的还有很多家长，他们常常抱怨：

"我的孩子在幼儿园做游戏时不好好做游戏，学唱歌时不好好唱歌，坐不住，乱跑乱跳！"

"我的儿子做作业总是磨磨蹭蹭，一会儿动这个，一会儿玩那个，一点儿作业都要做到深夜。"

"我家女儿上课总是不注意听讲，课下什么也不会，因为这我打过骂过，总是不管用！"

"我家孩子脑袋聪明，就是粗心马虎，考试时大题不会做，小题总出错！常被老师责怪，被请家长！"

面对这么多熊孩子，家长的反应也是不一，有的家长总是和孩子怒目相向，甚至打骂，但是不奏效。也有的家长完全佛系，常常抱着侥幸心理，觉得等孩子长大一点儿，知道学习了，自然就好了。实际真的是那么回事吗？

责骂、殴打并不能帮助孩子集中注意力，而等待孩子长大更是一种消极无为的做法。如果孩子从小不能养成集中注意力的习惯，不但影响当前的学习，今后的人生也必然产生一系列连锁反应。缺乏专注力，仅这一点，对孩子来说，危害就太大了。

在我们进行时间管理的过程中，家长很快便能发现，注意力不集中的孩子完成任务相对困难，管理起来更加费劲，他们更容易半途而废，家长劳心劳力却始终没有效果。

然而，危害岂止这些？我们不得不警惕，注意力不集中的孩子还面临如下诸多麻烦：

1. 不能和小朋友和谐相处

注意力不集中的孩子常常因为不能倾听别的孩子说话而失去沟通的主动性，常常发脾气；因为语言方面的不足，和其他孩子不能很好地沟通，从而容易和小伙伴们发生冲突。如果任其发展，他们在长大后会很难和同事还有领导相处，对他人的讲话充耳不闻。

注意力不集中的孩子经常搞小动作，还会导致师生关系不融洽。自控能力差会给孩子造成极大压力，导致父子、母子关系恶化。由于行为、说话的怪异，孩子无法和其他孩子正常交流、交往。长此以往，会衍生很多心理问题，比如患上自闭症、抑郁症或者焦虑症。甚至还会出现反社会人格或者自杀等心理现象。

2. 自理能力差

注意力不集中的孩子生活没有规律，常常一件事情做到一半又去做其他事情；做事没有规划，没头没脑，因此很难照顾好自己，总是顾东忘西。

长此以往，会造成更大的危害。研究表明，50% 的注意力不集中的成人患者会有不安、忧郁等情绪性问题与反社会及就业的问题。他们缺乏社会生存和竞争技巧和策略，没有耐心寻找工作，只能做啃老族，更容易滥用酒精、毒品及药物。

3. 缺乏自信心和自尊心

注意力不集中的孩子任务完成得不好，考试成绩差，得到的都是家长和老师的责骂，久而久之，孩子的自信心就会受到伤害，很多孩子一自卑就更容易完成不好任务，往往还没做事就会产生悲观、失望、胆小、怯懦等心理。得不到老师和伙伴的尊重，孩子的心理变得脆弱不堪，自尊心更是不堪一击。

这样的孩子成人后会常常感到不安，无法镇定，且会持续出现与注意力集中时间短相关的问题。孩童时期的忽略会导致其成人后在工作表现、日常生活或人际关系的互动上产生困扰，以致陷入自信心不足、挫折、沮丧、不明原因地脾气暴躁的境况，甚至出现抑郁症。

4. 没有目标，今后的工作不理想

注意力差的孩子生活没有目的，得过且过；没有明确的目标，不知道长大以后要做什么，更不知道面对学习任务时应该怎么准备，怎么做打算。这样的状态会影响到他们成人后的办事思维和工作方式。

仅有 30%—40% 的注意力不集中的成人患者能适应日常生活的作息。他们当中即使有人有了职业，其取得成果与升迁的机会也比一般人小或少。他们上班的时候注意力不集中，工作的时候分神，常常会无法按时完成手头的工作，或者丢三落四，导致工作效率低下，很难让老板和同事满意，更不用说升职了。

5. 可能会挑战法律

这不是危言耸听。不要以为孩子还小，还谈不上触犯法律，实际上，很多成人患者问题的源头都是在孩童时期缺乏专注力，慢慢积累起来。孩

童时期注意力不集中引起的难相处、不自信、脾气暴躁的症状又会引发新一轮的恶性循环，这些孩子更容易患上抑郁症，形成反社会人格等，从而使得犯罪的风险大大增加。

注意力不集中的成年人发生事故的概率和自杀率都比普通人高。注意力不集中的人成年后更容易离婚，失业，物质上瘾，以及自残。他们当中患上继发或共患破坏性行为障碍及情绪障碍的危险性也更高，成年期有物质依赖、有反社会人格障碍和违法犯罪的风险亦可能增加。

第二节 注意力不集中的三大原因

孩子注意力不集中的特点在不同年龄段的表现有所不同，总体来讲，其原因有以下三点：

1. 孩子越小，注意力越不集中

在这里，我们要首先搞清楚注意的两种形式——无意注意和有意注意。无意注意是没有预定目的、不需要意志支撑和努力的注意，无意注意是注意的初级形式。而有意注意是自觉的、有预定目的的注意，需要一定的努力去积极主动地观察某种事物或完成某种任务。

举个例子，体育课上，学生在练习前滚翻动作时，有一架飞机正巧飞过，很多同学只顾看飞机却忘记练习前滚翻了。教师幽默地说："飞行员需要很棒的身体素质，练好前滚翻能够帮助你去竞选飞行员，想去吗？"

在这个案例中，注意力不集中，教师通过幽默的引导来化解学生的无意注意问题，引导学生集中注意力做好教学中需要有意注意的前滚翻练习。

孩子越小，越是以无意注意为主，比如两岁以下的孩子总是被各种新奇的事物带走，他们一会儿去追逐小鸟，一会儿又和小狗玩，一会儿又被地上的蚂蚁吸引了。这些都是无意注意的表现。这个时候，其实需要家长尽量不打扰，这是锻炼孩子注意力的绝佳时机。

2岁孩子的注意力集中时间约7分钟，到3岁约9分钟，4岁约12分钟，5—6岁约15分钟，到6岁以上，可以逐步由15分钟过渡到30分钟甚至更长。

随着年龄的增长，孩子的有意注意力集中的时间会逐渐拉长，我们家长要做的就是让孩子在学习过程中提升有意注意能力。

2. 不感兴趣是注意力的一大杀手

孩子注意力能否集中，还取决于兴趣。上面的数据只是参考数据，不能一味套用。若孩子对某个事物没有兴趣，他注意力集中的时间就会明显低于正常情况的时间，甚至根本就不去注意。

感兴趣和注意力有密切的关系，是培养注意力的一个重要心理条件。显而易见，孩子对于有兴趣的事情容易引起注意。当孩子在看感兴趣的电视、打游戏时，不用提醒也能聚精会神，专心致志。可见兴趣可以充分调动孩子的注意力。

兴趣是最好的老师，也是力量的源泉。兴趣广泛会引起更多的有意注意，使人在轻松的状态下接受影响，学习知识。相反，如果孩子对一件事情不感兴趣，就算家长强迫孩子完成了，效果也是微乎其微，同时对孩子的心理伤害不可估量。

所以，培养孩子的兴趣至关重要。家长要多陪孩子接触社会，多带他们出去走走，了解这个世界，拓展孩子的眼界和增长知识，更要带孩子多参加各种活动，在这个过程中发现孩子的兴趣所在。

美国著名的教育家戴尔·卡耐基提出："假如你假装对工作感兴趣，这种态度往往就使你的兴趣变成真的，这种态度还能减少疲劳、紧张和焦虑。"

这一套方法也可以用在孩子身上，特别是大龄孩子。在学习中，如果孩子对某一科目感到乏味，可以让孩子假装对它感兴趣，然后按照时间管理表坚持认真学习。当孩子坚持一段时间之后，假兴趣也会像真的一样让他有成就感,并最终真的对科目产生兴趣。

3. 家长才是最应该反省的

最后也是最重要的一个原因,大部分孩子注意力不集中,其实问题出在父母身上。很多时候,父母不是在帮助孩子变得更专注,反而是在不自觉地使他注意力变得更涣散。

(1)当孩子在专注玩耍时,家长总是干预或打扰

家长总要询问孩子:"你在干吗呢?"或者干涉他:"这不能这么玩,你看,要这样!"家长所谓的好心,其实是剥夺孩子探索事物的权利,家长只会让孩子按照他们以为正确的方式去做,却忘了孩子正处在自己专注探索的时候,只有让孩子自己专注沉浸于在做的事情上才能使他真正认识他感兴趣的事物。

又或者,有朋友或邻居来了,家长要求孩子打招呼,若孩子不予理睬,就"扣帽子":"没礼貌!阿姨跟你说话呢,快回答阿姨!"还要一再地逗孩子玩。殊不知,孩子有自己的小天地,他们专注于玩自己的玩具时是非常可贵的专注力产生的时候。

(2)把电视、手机或者 iPad 当成带孩子神器

电子产品玩多了,会降低孩子对其他活动或者事物的兴趣,他自然就会专注于玩电子游戏,做其他事情时则如坐针毡。

再者,小孩都特别喜欢看一些生动、比较有画面感的东西,比如动画片。但是,当孩子进入校园之后,每天面对的基本上都是枯燥无聊的教材,自然也就提不起什么兴趣。孩子的注意力也就没有办法集中,总喜欢做一些无关的事情,也就是我们所说的孩子自控能力比较差。

(3)过于强求孩子,揠苗助长

家长有时候会自以为是,觉得自己的安排都是对孩子最好的安排。比

如，他们会要求孩子从头至尾完完整整读一本书，读书时不许跑来跑去，不许说话，等等。

这些要求是如此严苛，以至于孩子觉得没办法做到，他们反而管不住自己，亲子之间就会形成对立关系，促使孩子建立起一个习惯性的反应模式：但凡家长要他做什么，他就时刻准备逃跑。

（4）喜欢说教，总给孩子负面的心理暗示

经历过的家长都知道，总对孩子说教其实并没有什么效果，甚至会使孩子产生逆反心理，这种做法对孩子的成长自然也没有好处。其实，孩子自控能力差和年龄有关，因为孩子的年纪太小，尤其是学龄前的孩子，有很多东西都不懂，即便家长教了，孩子也不能很快地接受。

不顾孩子的阶段发展特点，以成人的眼光来衡量孩子专注的程度，给孩子贴负面标签，会导致孩子越来越不专注。

有些家长总把"我家孩子不专心啊，他总是磨磨蹭蹭啊"这些负面的语言挂在嘴上，孩子虽然不予反驳，但是这些标签就像膏药一样，紧紧贴在了孩子幼小的心灵上，以后很难揭下来。久而久之，他们就真的不够专心，也不够利索了。因为在父母眼中，他就已经是这样的。

（5）虚假陪伴让孩子缺乏安全感

还有一类父母，看似每天都在孩子身边，其实一直在敷衍，导致孩子缺失安全感。没有安全感的孩子是很难静下心来踏踏实实做、把注意力集中在一件事情上的。当孩子觉得父母在敷衍他时，心情就不会安宁下来，自然没有心情把注意力落在一件事物上。

比如，家长总在孩子要去学习或者应该做某件事的时候，让孩子停止看电视或玩手机，但是家长自己却总是当着孩子的面肆无忌惮地玩手机、看电视。

第七章 注意力管理

这种行为会让孩子产生极不平衡的心理，孩子会想：为什么爸爸妈妈可以做，自己就不可以做呢？虽然家长会觉得自己累了一天了，玩手机和看电视是在放松，但是孩子不一定这么认为。

家长最好在孩子面前控制一下自己，特别是爱打游戏的家长，要给孩子做一个好榜样，这也是教育培养孩子的优良品质所必需的。

第三节　给孩子专注的环境和联合注意的陪伴

专注的环境造就专注的孩子。

面对一个不专注的孩子，排除其先天的生理因素，家长首先要从环境的塑造入手，让孩子处在一个专注的氛围里再谈专注力的培养。因为自然和人文环境对人的品格影响非常巨大。瑞典教育家爱伦·凯曾指出，良好的环境是孩子形成正确思想与优秀人格的基础。若想培养孩子良好的注意力，使其成为一个专注的人，环境起着非常重要的作用。

如果想要孩子专注于某件事情，比如学习，那就尽量减少环境对孩子的干扰，排除外界可能分散孩子注意力的因素。

对于孩子来讲，一个独立的、可由孩子支配的房间非常重要，可以促使孩子不被打扰，专心于学习。

1. 房间要干净、整洁

孩子房间的设计一定要简单，不能有太多花样，不能过于复杂，不要摆放过多的装饰品，更不要有过多的杂物，比如一大堆的废纸盒、纸箱等。同时，我们也要督促孩子做好房间的卫生清扫。

2. 房间的色调要简洁、平和

不同色调对孩子的心理会产生不同的影响，平淡、简洁、柔和的色调更容易让孩子静下心来，比如浅蓝色、暖橘色、淡黄色等。而那些有强烈对比的色彩则容易让孩子急躁不安，很难让孩子集中注意力。

同时，对于房间的光线也有讲究，不能太暗。光线明亮的房间会让孩子心情舒畅，注意力比较集中；而光线较暗的房间容易让孩子情绪低落，不利于专注学习。

3. 书桌整齐，不放置杂物

孩子的书桌可以摆放一些灯具、学具和课内外的图书，除此以外，不要放置其他杂物，更不要放置孩子的玩具或者零食这类很容易分散孩子注意力的东西。如果孩子有喝水、吃东西的需求，尽量安排在孩子的两次学习任务之间、休息的时候进行。

4. 留出活动空间

孩子的房间不仅要有课桌、床、衣柜这类基本的家具，最好再给孩子预留一个可以尽情玩耍的活动空间，但是不要放无关的玩具，可以随便散放一些课外书或者棋类游戏品，让孩子自由支配学习之余的时间。

另外，如果孩子学习乐器或者绘画、书法等，也可以把相关的工具、乐器摆放在孩子的房间里。孩子有兴趣的时候会不自觉地拿起这些，在你意想不到的情况下弹一曲或者画一幅画等。

5. 保持空间的独立性

孩子有独立空间非常重要，这是属于他自己的小天地，当孩子学会利用独立的空间学习时，也是孩子独立思考的开始。所以，如果孩子需要独立的空间，需要有自己的隐私时，尽量满足。不要因为孩子小，就不尊重孩子的隐私。

有的家长不喜欢孩子关上房门，喜欢样样监督，实际上对于大一点儿的孩子而言，完全可以放手让他们在独立的空间内自主完成学习任务。当孩子在自己的房间学习时，家长要尽量减少进入他房间的次数。记得进房间之前要敲门。

6. 房间之外的环境要安静

当孩子学习的时候,不仅要做到不打扰,还要留意周围的噪音是否过大,比如不要把电视的声音开得太大;父母谈话时尽量小声一点儿,给孩子创造一个安静的环境。

此外,联合注意更重要。

环境的营造,对于孩子而言,仅仅是一种外部客观因素产生影响,真正决定孩子注意力的,是父母联合注意力之下的陪伴。这里出现一个新的名词,叫联合注意。

简单来讲,联合注意就是你和孩子共同注意一个事物。联合注意在孩子的早期成长中有着里程碑式的作用。它是孩子认知发展的关键因素,能广泛影响到孩子的适应性、学业表现等。

我们都知道,那些在学业上成功碾压其他孩子的学霸,上课时总是能高度集中注意力。我们做家长的在羡慕"别人家的孩子"的同时,也深知他们是有高度自律性。但是,不可忽略的一点是,真正在其中起作用的并不是学霸孩子的意志力,而是他们的联合注意能力,也就是说,他们可以轻松地跟着老师的注意力,调整自己的注意力。

这种联合注意的能力是可以从小由父母一起陪伴时培养的。

一项研究表明,11—14个月大的婴儿,如果父母能用联合注意的方式跟孩子互动式地、情感回应式地说话,他们会比没有接触过这种交流方式的孩子认识多一倍的单词。到了2—3岁半期间,联合注意力良好的孩子持续注意的能力会发展得又好又快。到4岁时,你会发现孩子语言、探索、问题解决、互动和协作各方面技能,都会因为你跟他之间良好的联合注意训练进步神速。

比如,那些从小就有爸爸妈妈陪伴讲故事的孩子因为和父母一起共同关注了故事的发生、发展,共同经历了听觉的专注和视觉专注还有想象的专注,他们长大后更能专注听课。孩子上小学后,你更会发现,联合注意能力比较强的孩子适应能力很强,学业表现也非常优秀。

所以,如果父母对孩子能从小进行联合注意互动,几乎等于是给他的智商开了挂。孩子年龄越小,越需要父母和孩子的联合注意以产生共情,越小培养联合注意,孩子以后的学业之路就越顺畅。所以,千万不要为了一时痛快省事,在陪伴孩子的时候玩手机。

一方面,心理学家告诉我们,在联合注意的过程中,姿势和注视起着十分重要的作用。这两个因素决定了你和孩子能不能对同一件事保持同样的关注。从婴儿期的追视训练,到幼儿期的手势指认,你和孩子之间从面对面的眼神、表情等非语言信息的交流、顺畅的你问我答,到最后和他一起探索、培养共同的兴趣爱好。

父母关注孩子、陪伴孩子、鼓励孩子的过程就是给他注入情感力量,让他形成无限循环的良性感知。

另一方面,联合注意的意义在于经验共享和情感传递,而情感的增强才是认知最好的助推器。比如学习书法这件事情,如果孩子练习书法的时候,家长在不打扰到孩子的情况下,在旁边也跟着学一学,写一写,孩子就会和家长产生联合注意,孩子会把他写书法的心情告诉你,会和你交流书写的心得,甚至和你比较谁写得更好,而不是去分心关注别的事情。

这个时候,你们就在形成联合注意——孩子会通过仔细听你说话来理解你的意图。他差不多是在调动整个大脑,全心全意地准备更加了解你,了解你的世界。可是这个时候如果你跑去玩手机了,联合注意的信号就被破坏了。

孩子小的时候感知到你的分心,会用哭闹把你的注意力拽回来。如果他经过多次尝试,你还没意识到自己有问题,孩子就会放弃努力。他会在潜意识里认为自己还没有手机重要,也最终达不到实现提高联合注意能力的效果。因此，持续地跟孩子保持联合注意非常重要。

　　加拿大多伦多大学的科学家发现，陪伴时间跟孩子未来的行为表现、情绪健康以及学业成绩没有关系。对孩子有害的，反而是陪伴者不好的状态，不专心就是其中之一。因此，放下手机，哪怕你只能心无旁骛地专注5分钟，全心地跟孩子互动，也好过你在他身边时不时刷两下手机，人在心不在地坐上2小时。

　　父母有针对性地及时回应才是真正的高质量陪伴。

第四节　兴趣是最好的老师

我国宋代理学家、教育家程颐曾经说过:"教人未见意趣,必不乐学。"意思是,教育这件事情,如果没有兴趣,就不愿意学,也学不好。正是因为对事物有了兴趣,爱迪生由学习鸡孵蛋开始,一步步钻研探索,终于成为举世闻名的大科学家。也正是因为有了兴趣,才有"任伯年夜半追猫,郑板桥无竹不入居"之说。可见兴趣对人的发展、社会进步的重要。

当今学生所处的更是一个需要兴趣来引导的时代。我们的孩子进入小学就正式进入一种社会竞争的体系中。这个时候,孩子在课堂和学校活动的表现都会被拿来当作评定成绩的依据,很多时候,我们不知不觉就把成绩当成了评判孩子的标准。而且,各科老师因为认知和关注点的不同,会站在自己的主观角度去评判孩子,甚至直接表达老师的个人喜好和倾向。

这种环境会让孩子产生强烈的社会竞争感,也让孩子进入心理学中所谓的"自卑与勤勉"的心理成长期。

显而易见,当我们的孩子处于一种强烈的社会竞争环境中时,很容易产生自卑感。无论多么骄傲的孩子,到了小学以后,内心多多少少会产生一些自卑的情绪。只不过有的孩子会表现出来,有的孩子则会隐藏起来。

这不是一种可怕的心理现象,如果运用得好,则很有可能激发孩子的内驱力。因为自卑情绪会让孩子开始很小心地内省,虽然可能导致夸大自己的错误或者缺陷，或者暂时性的信心不足，但它依然具有强烈地激发行为动力的特点。当孩子受到他人的鄙视，或者孩子自己觉得自己已经陷入了落后的状态，不甘现状的生命能量会被快速激活，从而产生勤奋自勉的动力。这就是"自卑与勤勉"的心理成长期特点。

这个时期孩子的专注力会受到外部竞争环境和自卑情绪的影响，孩子可能会出现上课走神、写作业神游的情况。这时候，不是他们不想专心，而是他们正处在人生第一次艰难的挫折中。

因此，对于学龄期的孩子，一个很重要的提升专注力的方法就是用兴趣引导他们，让他们快速从自卑的阴影中解放出来，摆脱散漫的状态，为之后的专注力的培养和学习打好基础。

事实上，有天分的小孩都是从兴趣开始的。

在培养孩子的过程中，如何发现孩子真正的兴趣在哪里呢？有没有科学的方法？2016年，美国有一位刚上幼儿园，年仅4岁的小男孩，名叫埃文·李，因为精彩的钢琴表演震惊了全世界的父母，成为一个小网红。这个小孩还够不着钢琴踏板，但是已经能弹奏莫扎特、巴赫的乐曲，还会自创歌曲。无数父母都羡慕埃文的父母这么早就发现了孩子的天赋和兴趣所在。

英国有位著名的数学家叫詹姆斯·克拉克·麦克斯韦，他的数学天分是这样被发现的。小时候的他，本来是被父亲送去学画画的，小家伙在画画过程中无论是画出来的花瓶还是画出来的人物都充满了几何图形。于是这位父亲大胆猜测孩子应该更喜欢算数。果然，小孩一学算术就喜欢上了。

还有一位美国华裔设计师吴继刚，他在小时候特别钟情于给芭比娃娃穿裙子，妈妈于是判断他可能对服装设计感兴趣。

很多有天分的小孩的兴趣都是父母在他们小时候的表现中发现的。

但是现实中，很少有像埃文这样很小就暴露出很明显的音乐天赋的小孩。很多时候，我们家长面临的可能是两难选择。有时候觉得孩子需要学习芭蕾，就去报个芭蕾班；有时候又觉得孩子语言天分不错，于是又给孩子报个语言类的学习班。

有可能孩子刚开始兴高采烈地去上兴趣班，结果上了几次课就觉得不喜欢了，只好放弃，让父母摸不着头脑，觉得既没有抓住孩子的兴趣，又浪费了钱。到底孩子的兴趣在哪里呢？可能还是没有明确。

那么，如何科学地发现孩子的兴趣在何处？

有两种方法可以借鉴。第一种方法是让孩子多尝试、多接触。

前面提到钢琴小王子埃文，其实刚开始的时候，父母也让他尝试过很多东西。只要埃文提出来，父母就尽量满足，想办法帮助孩子完成心愿。最后，小埃文才表现出异于常人的天赋。如果父母不带着尝试，可能这个天赋不会这么早被发现。

美国心理学家丹尼斯·库恩经过长期研究发现，成功者的第一步都是童年时期父母让孩子们多接触，即使一开始他们表现平平，但是经过一段时间的沉浸，有些孩子会在某方面进步非常快，这些家长便由此猜测孩子在这方面擅长，接着会引导孩子在这一方面投入更多的精力去学习。进步带来的成就感会成为孩子继续学习下去的内在驱动力。

这种发现过程可能比较烧钱，有时候父母给孩子尝试了 10 个兴趣班，也没能真正发现孩子的兴趣所在。此时又该怎么办呢？难道没有兴趣就不用学习了吗？没有兴趣，就学不好吗？

此时可以试试第二种方法，给孩子提供一个环境和氛围，让孩子产生兴趣。这种人为的做法真的能让孩子自动产生兴趣吗？看看莫扎特的童年吧。他出生在一个有音乐氛围的家庭里，他的父亲常常在家里创作歌曲和演奏钢琴，莫扎特耳濡目染，自然对音乐产生兴趣。而阿尔法狗人工智能设计师德米斯·哈萨比斯的父亲则喜欢和他叔叔下国际象棋，德米斯从小就在一旁观战，奠定了他日后成功的基础。

更有说服力的是匈牙利心理学家拉斯洛·波尔加对三个女儿的教育方式。这位父亲虽然对国际象棋只懂得皮毛，但是他在孩子们小的时候，每周都带她们去象棋俱乐部溜达两次。结果他的三个女儿都成为国际象棋冠军。

想想看，在我们身边是不是也有过类似的例子？那些幼年时期常常跟随父母进出画室或者音乐厅的孩子，后来很多人对美术和音乐感兴趣。

当一个孩子常常受到一种氛围的感染，自然会对这种氛围中的行为产生亲近感和熟悉感，这些感觉会带着孩子朝着这个方向发展。这个过程中，如果孩子发现了有趣的地方，尝试后发现还不赖，兴趣自然就会培养起来。

父母要做的最重要的一点就是鼓励孩子去发现，满足孩子的好奇心，更要保护好孩子的好奇心，让他们早日找到自己的兴趣所在，这是非常宝贵的人生财富，也更有助于孩子尽早确立人生的大目标。

第八章
游戏时间管理

第一节　网络游戏是魔鬼？

　　西安市的陈先生经营着一家公司，家境比较富裕，他的宝贝儿子森森一直都生活在优越的环境中。小学升初中，森森很争气，进入市里面一所很好的中学。上初一时，森森学习十分努力，学习成绩也不错，一直是班上的前五名。但不知道什么原因，从初二起，森森成绩开始直线下降，而且经常很晚才回家。陈先生长年在外面做生意，森森的妈妈对森森的管教也不算严格，因此并没有太在意。直到有一天，森森的班主任打电话给陈先生，问森森为什么三天都没来上学，陈先生才感到事态的严重。

　　陈先生和妻子发动所有亲戚朋友到处找森森，直到第二天凌晨，陈先生才在一家网吧找到熬得双眼通红的儿子。回到家，陈先生把森森狠狠地揍了一顿。谁知不到两天，森森又逃课钻进了网吧。就这样，森森和父母玩起了猫捉老鼠的游戏。

　　面对沉迷网络的森森，陈先生和妻子无论是苦口婆心地劝说，还是"威逼利诱"，都丝毫不起作用，让两个人感到百般无奈。

　　森森的案例是青少年沉迷网络游戏的一个缩影。如今的小孩出生在电子产品的时代，很早就接触到网络游戏，从几个月大到18岁，甚至是上大学一直到成年人，因为沉迷网络游戏，都不同程度地受到伤害。

　　年龄小的婴幼儿会因为长时间注视屏幕而损害视力。儿童长时间沉迷网络，不仅对视力不好，还会影响身心健康，长此以往，甚至会引发犯罪，导致悲剧的发生。

沉迷网络游戏主要有以下几大危害：

1. 严重影响孩子的身体健康

那些从几个月大到十几岁大的孩子沉迷于游戏的时间越长，对眼睛、颈椎、神经的损伤越大。大量案例已经证明，上网成瘾会严重影响青少年的身体健康，甚至出现个别青少年几天几夜在网吧游戏，因疲劳过度而猝死的极端事件。陶醉在网络游戏中的青少年，往往深陷网络游戏不能自拔，劳心劳神。即便他们离开网络游戏，也常会出现头晕、眼花、食欲下降等各种症状。

2. 影响孩子的心理健康

心理学专家指出，沉迷于网络游戏的孩子由于长期缺乏社会沟通和人际交流，往往会把虚拟的网络世界当成现实生活，其思想和情感都会与现实生活脱节，在心理上则表现出自我封闭、自以为是等抑郁性神经症症状。

对于那些更小的孩子，更是分不清现实世界和虚拟世界的界限，会把自己的真实情感带入虚拟世界，或者把虚拟世界中的人物当成现实世界的去模仿，造成不可预料的后果。

玩网游的孩子虽然能通过虚拟世界中的打拼、搏杀获得心理上的满足，但他们无法以此提高自己处理现实问题的能力。因此，沉迷网络游戏的人一旦回到实际生活，往往会感到无所适从，以致他们在现实的困难面前总是选择逃避。

3. 影响孩子的思维习惯

网络游戏一般都遵循一种机械的思维模式。通过程序设定一些条件，然后指引玩家通过掌握电脑游戏的思路来操纵游戏主人公。然而电脑毕竟不是人脑，它的机械性思维是不能和人的逻辑性思维相提并论的，而且由于程序都是事前设定的，所以当玩家玩到一定程度时就只是为了满足个人的贪欲（得到更多的积分）而进行重复性劳动，这对于处在思维发展期的孩子是没有好处的。

而且，语言是思维的外壳，人在与他人交谈或个人发言时通过运用词语来整理思想，人在独处时其思维也是以一种内在的交谈形式呈现。然而玩网络游戏的孩子自然而然地失去了与他人交流的机会，也失去了与自己交流的机会。久而久之，他们不仅会变得笨嘴拙舌，而且他们的思维速度、应变能力也会不同程度地变慢、弱化。

4. 影响孩子的记忆力

记忆力是衡量智力水平的一项重要指标。在记忆力的培养中，重复法是一个很重要的方法，重复可以使大脑中模糊的印象变得清晰、深刻。比如，要让孩子记住一首诗歌，办法就是让他们天天朗读。

在这一过程中，孩子对于诗歌的理解会不断得到深化，从而从机械式记忆转入意义式记忆，所谓"书读百遍，其义自现"就是这个道理。从背诵记忆的过程中，刺激孩子的记忆兴奋点，在对于诗歌意义的不断理解中获得成就感。

然而，对于沉迷于网络游戏的孩子而言，他们无法对这种记忆训练产生兴趣，因为他们钟情的是千变万化的画面，是外在的动态情境。这使得他们对于重复式的记忆训练一点儿也提不起兴趣。长此以往，他们的记忆力将很难有所提高。

然而，网络游戏真的有那么糟糕，已经到了人人喊打的阶段了吗？对于家长来说，对抗手机、iPad、电脑等电子产品对孩子的影响，似乎成了一场战役。在这场战役中，出现了两个极端的现象。

一种是放任不管。有的父母把电子产品当作哄娃神器，为了自己轻松，就让孩子和电子产品做伴。还有一类家庭，坚决反对孩子使用电子产品，卖掉家里的电视，收走所有电子产品，从不在孩子面前看手机。这类家庭的孩子对游戏的认知几乎是零。

大多数家庭则走在和孩子、和游戏作斗争的不归路上，身心疲惫，无所适从。

从早期电子游戏的诞生，到现在网络游戏的发达，家长对网游的认知也在经历细微的变化。可以说从一个人人喊打的状态，逐渐过渡到了理性认识和慢慢接受的状态。因为我们可以肯定的是，网络游戏的出现，就像电视机、手机的出现一样不可避免，我们的孩子既然出生在这样的时代，就会烙上这个时代的影子。无论我们赞成也好，反对也好，这种趋势是不可阻挡的。

我们无法改变历史，只有尝试着去接受历史，然后适应它。还有别的办法吗？如果这是魔鬼撒旦的诱惑，那就为我们的孩子建立起一道抵御诱惑的铜墙铁壁吧。

关于如何建立这道"铜墙铁壁"，我们下节详解。

第二节　家长如何引导是关键

《第40次中国互联网络发展状况统计报告》显示，截至2017年6月，我国青少年网民（19岁以下）人数近1.7亿，约占全国网民的22.5%。对于伴随着互联网成长起来的"90后""00后"而言，玩网络游戏已成为一种普遍的娱乐和社会交往方式。

尹建莉老师曾在《最美的教育最简单》里面介绍过对游戏的正确认识，她认为："网游就是个游戏，它和打球、下棋、捉迷藏没有什么区别，所不同的只是它作为一种玩具，更复杂，更有趣，更有吸引力。在玩耍的过程中，孩子的智力也可以得到比较全面的发展。而且符合现在社会的生活方式，不需要场地，不需要打电话约人，不需要换衣服，随时随地可以和各种认识或不认识的人一起玩，既是一种社交途径，又可以自己玩。确实没有哪一种玩具有这样的优势。"

面对网络游戏，过度管控和过度放纵都不可取，青少年父母要学会与孩子"谈判"。好的家庭有规矩也讲民主，家长可以与孩子一起探讨，制定出更适合孩子在其年龄段的规矩。

要关注孩子沉迷于游戏的深层次原因，积极沟通引导，并给予孩子更多陪伴。

家长要特别留意你的孩子是不是发生了这种情况：当孩子遇到无法解决的问题时，会把玩游戏当成他们处理问题的手段。出现这种现象的原因主要在于家庭关系或者孩子的学业负担过重以及生理等问题。这就要求家长一定要学会倾听孩子的需求和想法,判断孩子是否存在情绪障碍,再寻找合适的方法帮助孩子解决问题。

如果把网络游戏当作时代的洪水猛兽,那家长在对待游戏这件事上,不妨采用疏通引导的方式,而不是围追堵截。想象一下大禹治水,是引导而不是堵截的结果。专家也认为,作为家长,应当让孩子在引导下选择健康的游戏,同时要因势利导,加强沟通,不能简单粗暴地一"堵"了之。

当然,家长也要积极弥补孩子成就感的不足。

家长可能不会想到,有的孩子沉迷于网络游戏,其实有一部分原因是家长"助推"的。在现实生活中,很多家长很少鼓励孩子,比如控制游戏时间这件事,如果孩子没有做到,家长就会发火,这些都是惩罚,惩罚只会激起家庭中的矛盾,不会有好的效果。

另外,对于孩子在学习中取得的哪怕是一点点进步,很多家长选择视而不见,担心奖励会让孩子骄傲自满,殊不知,这种只罚不奖的态度很难让孩子追求成就感的愿望得到满足。

如此,有的孩子会更加向往从游戏中得到满足。就拿《王者荣耀》来说,大部分人注重的不是过程,是结果:是人头数,是超神。因为这是可以看到的荣誉奖励。因此玩游戏时经常会出现这样的队友:一味抢人头,自家塔倒了都不管。

反过来说,如果在游戏中玩困难模式,例如拿个渣渣的英雄去打排位赛,连输20盘从铂金掉到黄金的话,还会上瘾吗?

同样,在学习上,如果孩子每天都有成就感,都能得到鼓励,他就会喜欢上学习。反之,如果每天都做一堆枯燥的作业,还要忍受父母的责骂,孩子的挫败感就会增加,厌学情绪就这样产生了。

在游戏中,孩子却能轻易地在短时间内叱咤风云,获得满满的成就感。

如果家长没有注意到这一点，没有让孩子在学习和生活中找到成就感，那他很有可能将重心转移到游戏。所以，我们一再强调，鼓励和赞美非常重要。

此外，家长也要注意满足孩子的社交需求。人是社会性的动物，脱离不了群居生活，每个人都希望通过提供价值、与人互动，被别人需要，被别人认可。

孩子也不例外，特别是到了青春期的孩子，对社交的需求就更加强烈。因为逆反心理，且在原来的家庭环境中已经无法获得认同，满足这种需求。而在游戏中，却可以很容易找到有相同体验的人，找到共同话题产生共鸣，进而产生互动，能够通过网络的形式自由表达观点与情绪。

游戏更吸引人是因为能通过游戏中的剧情角色产生互相帮助的行为，甚至可以拯救其他玩家的虚拟生命，前面说的 Killer（杀手）除了能体验击杀打斗的快感，还能救死扶伤、助人为乐，孩子从中更可以提高自己的社交成就感。

很多孩子是受朋友圈影响开始玩《王者荣耀》的。网游把社交和游戏完美结合，这样能满足孩子社交的需求，让玩家结交新的有共同爱好的伙伴，同时巩固已有的社交圈子。同时，网游带给孩子的团队感正是对现实生活中孩子孤独感的弥补。

网络游戏不仅满足了孩子的社交需求，还让孩子有了一种集体归属感。如今的家长非常鼓励孩子自由发展，做自己的事情，但别忘了也要鼓励和帮助孩子加入集体，这是孩子的自然需求。

总之，像这些成就感、集体感、乐趣等，如果在家庭中无法得到，孩子就会从游戏中寻找，因为在游戏中很容易找到。

所以孩子出现沉迷现象时，家长要看他到底是在哪些方面缺失，然后在该方面满足孩子。家长要多提供给孩子一些游戏之外好玩的事情的意见，给予孩子更多的陪伴。

第三节　帮助孩子正确认识游戏

孩子的天性就是喜欢游戏，尤其是"00后"，与电子产品相伴相生，很难不去接触网络游戏。家长要意识到，不是所有的网络游戏都对孩子有害。其实健康的网络游戏不仅可以给孩子带来新鲜的乐趣，也能丰富孩子的娱乐文化生活，还可以开发智力，增长知识。

但是，孩子很少有自律性，就算是成人，也往往抵挡不住游戏的诱惑，常会玩过了时间。很多孩子的问题并不在于玩不玩网游，而在于玩了多长时间，会不会控制自己，把各个阶段的时间安排妥当。那些痴迷网络游戏的孩子大部分没有了时间概念，玩起来就把其他事情抛在脑后，不仅耽误了学习，也对自己的身心造成极大伤害。

可以说网络游戏是一把双刃剑，而且在很多父母看来，相比好处，害处更大一些。如何既让孩子从游戏中获得益处，加强孩子管理知识和处理信息的能力，又避免孩子误入歧途呢？家长一定要以身作则，帮助孩子正确地认识游戏。具体怎么做呢？

首先要下沉，多了解孩子也多了解游戏。

所谓知己知彼，百战百胜。如果家长非要把网络游戏当作敌人，那就请先深入了解这些游戏，至少要明白孩子们为什么玩这个，这个游戏的操作模式是怎么样的，打怪模式又是怎么样的。甚至爸爸们也可以试着打一打。了解了游戏，你才有可能跟孩子和谐沟通，才能在理解孩子的基础上友善对待孩子的问题,然后,你和孩子达成一致的可能性才会更大。

我们还要了解孩子对网络游戏的认识。要常常和孩子交流谈心,不要让孩子觉得在你面前谈游戏会遭到批判。我们一定要学会倾听孩子,还要了解孩子对网络游戏的认识状况及依赖程度,玩网络游戏与学习的关系及对身心发育的影响,等等,以便对症下药,有针对性地进行教育。

我们还要注意观察孩子,对于那些聪明、反应能力强又非常喜欢电脑的孩子来说,他们有天生的优势。家长要注意帮助孩子发挥这些优点,鼓励他们充分利用他们对电脑的兴趣发挥特长,给他们安排一些游戏之外的需要用电脑完成的任务。比如,编辑程序。鼓励孩子学习编程,动手设计属于自己的游戏,岂不是一大好事?也可以教会孩子用电脑制作课件,鼓励他们上台讲述自己的研究成果。

家长甚至可以和孩子交流游戏的详细内容,让他们放松戒备,愿意和家长谈心;让他们觉得,家长是愿意理解他们的。这样做总比孩子瞒着你,什么也不说好。

其次要正确引导,给孩子制订合理的玩游戏计划。

通常情况下,孩子会背着家长玩游戏。所以,我们首先要排除孩子对家长的芥蒂之心,告诉孩子玩游戏不要偷偷摸摸,也告诉孩子,爸爸妈妈是理解他们的,是可以给他们光明正大的玩游戏时间的。

告诉孩子,在学习之余,在完成一天中重要的事情之后,是可以玩一会儿游戏的。周六、周日也是可以玩一会儿游戏的。但是要让孩子明白,身体健康和学习排在玩游戏之前。一定要处理好学习和玩游戏的关系,在学习之余,用游戏缓解压力、放松心情是可以的。

一定要和孩子立下规矩,比如:每天用电脑的时间不能超过 1 小时,或者每天打游戏的时间不能超过 40 分钟,玩 40 分钟游戏休息 20 分钟眼睛。还有一个重要的规矩是,学习的时间、听课的时间不能用来玩游戏,

第八章　游戏时间管理

做每一件事情都有专属的时间，不要一心二用。

另外，要把学习计划和游戏时间结合管理，不让孩子盲目上网。坚持让孩子做眼保健操，坚持户外运动，保证身体健康。要注意让孩子学会选择、浏览健康网站。更要提醒孩子注意不要泄露有关个人和家庭的任何信息，包括姓名、地址、电话等。告诉孩子不能轻易相信别人，没有征得父母的同意，不要约网上的朋友见面，等等。

家长要注意，在规划时间的时候，多安排一些游戏之外和孩子互动的活动，多花时间陪伴孩子。有时候孩子玩游戏仅仅出于无聊，如果家长能多陪陪孩子，聊聊天，或带孩子去公园转一转玩一玩，多接触接触大自然，多培养培养亲情，孩子心灵上有了寄托，就不会过多地依赖网络游戏，更不会沉迷上瘾了。

还可以多培养一些游戏之外的兴趣，如绘画、音乐、体育运动等。当孩子有了一项爱好时，自然就不会花费很多的心思在网络游戏上。坚持这样做，孩子一定会渐渐减少上网玩游戏的时间。以下几点需要引起家长的注意：

1. 千万不要简单粗暴地直接禁止孩子玩游戏，甚至因此惩罚孩子。那只会让孩子视你为敌人，让孩子产生叛逆心理，进而排斥你的一切安排。

2. 多奖励，少惩罚。对于孩子来说，奖励往往比惩罚更有效，因此父母可以根据孩子的具体情况，对他进行奖励。奖品可以是孩子期待已久的一本图书，也可以是孩子感兴趣的其他东西。孩子会为了得到自己梦寐以求的礼物而努力控制自己不去玩游戏，这也是提高孩子自制力的好方法。如果孩子屡教不改，依然我行我素地上网玩游戏，父母则必须采取有效的措施，比如没收手机。当然，切忌粗暴制止、严厉斥责以及苦苦哀求。

3. 家长要以身作则。当孩子在家时，不打游戏，不用网络进行娱乐活动。

第四节　做好游戏时间管理

首先，做好游戏时间管理是整个社会的责任。

根据2019年发布的《第44次中国互联网络发展状况统计报告》，截至2019年6月，我国网民规模达8.54亿，其中19岁以下网民占比超过20%。也就是说，我国有1.7亿左右的网民都是未成年人。

这些网民因为沉迷于网络游戏导致许多悲剧和冲突产生，造成一系列社会问题，已经成为不可回避的社会现实。而《未成年人保护法》是对整个未成年人的健康成长进行保护。所以，虽然网络行为是在虚拟空间发生的，但同样会给现实生活带来深刻影响。因此，把《未成年人保护法》的适用范围扩展到网络空间，是有现实基础和需要的。

未成年人的网络行为有很多，比如社交、购物、看剧、学习等，但玩网络游戏是最需要重点关注的。未成年人身心发展尚未健全，对事物好坏的鉴别力比较差，也缺乏自律意识，缺少自控能力。而网络游戏厂家为了增强游戏的黏度，会采用各种各样的方式，针对人性的弱点设计和开发各种游戏技巧和功能，比如抽奖、开箱子、升级、打卡、送福利等，目的就是让用户多玩游戏，多把时间耗在游戏里。成年人都难以抵挡这种诱惑，更何况未成年人。

2019年10月21日，十三届全国人大常委会第十四次会议初次审议《中华人民共和国未成年人保护法（修订草案）》，《草案》新增"网络保

"护"章节,对网瘾防治、网络有害信息传播、网络暴力、网络隐私等方面作出规范,明确规定,对未成年人网络游戏进行时间管理,要求智能终端安装未成年人上网保护软件。

对未成年人的网络游戏时间进行管控,真正实施起来是比较困难的,要做到线上线下相结合。线上这部分比较好实现,比如建立一整套的管理机制,诸如游戏厂家做好实名认证,未成年人游戏到时间就强制下线,甚至可以运用包括人脸识别、指纹识别等人体信息管理技术措施。

然而,线上的技术措施再先进,手段再厉害,都需要线下家庭的配合,尤其是家长的介入,这却是整个管理体系中最薄弱的环节。

共青团中央维护青少年权益部联合中国互联网络信息中心发布的《2018年全国未成年人互联网使用情况研究报告》显示,超过九成家长会对未成年网民的上网时长进行限制。未成年网民中经常被家长限制上网时长的比例达到49.1%,有时会被家长限制上网时长的比例也达到41.2%,仅有9.7%的未成年网民的上网时长不会受到限制。

但是,我们依然面临孩子的游戏时间不好管理、不好控制或者管理总出纰漏的问题。因为孩子的自控力强度远远不如游戏的诱惑大,只有极少数自控力极强的孩子能够不受游戏的控制而泰然自若地安排自己的时间。

其次,家长也要积极充当游戏时间管理的监督者。

家长是孩子的第一任老师,必须以身作则,言传身教。给孩子营造一个天然的读书环境或者运动环境。多带孩子去图书馆、博物馆、大自然,让孩子在探索学习过程中忘掉网络游戏。

家长和孩子在家的时候尽量少用手机。回家以后,不要动不动就把手机掏出来,而应该利用回家的时间多和孩子待在一起,带着他们一起读书,一起聊天、交流,或者一起做户外运动,让孩子热爱读书,热爱运动。

前面讲过，如果孩子喜欢玩网络游戏，只限制不引导是不行的。孩子天生好奇心强，不让他做什么，他就偏对什么感兴趣。所以，可以适当让孩子玩游戏，但是，一定要让孩子知道，家长是有监督的，是有时间限制的。要让孩子知道，家长能够掌握孩子玩游戏的时间，不要让孩子动偷偷玩或者超时玩的念头。这样，孩子玩起来才会有克制。

如果家长自己管不住自己，起不到表率和示范作用，又不能进行良好的监督，那么，国家和社会再严厉的制度规定都会形同虚设。

最后，把游戏时间规划进时间管理表。

与其让孩子偷偷摸摸地，或者没有限制地玩网络游戏，不如把这件事情在家庭会议上公开提出来。把孩子的网络游戏时间规划到日常的时间管理中，让孩子有规律、有克制地玩耍。当然，最重要的一点是，网游的时间管理一定离不开父母的监督。

给孩子一个姿态，让孩子看到，在玩游戏这件事情上，父母不是完全杜绝的，也不是放任不管的，父母能够理解孩子玩游戏的心情，而且可以允许孩子在合理的时间范围内玩网络游戏。让孩子可以开诚布公地和父母交流游戏的相关问题。让孩子知道，在这件事情上，父母是愿意帮助孩子的，而不是一味地表示不理解。

父母要和孩子一起商量玩游戏的时间。以前我们可能常常碰到这种情况，孩子正在玩游戏，妈妈来催，不让玩。孩子总说："等会儿，再等会儿。"结果等着等着，妈妈就生气了，强行拿走孩子的手机，孩子也生气，说："我这局还没打完呢，你就给我拿走，太不可理喻了。"双方瞬间就变成了敌对关系。究其原因，是父母不了解孩子正在玩的这款游戏的具体规则和时间。

所以，父母最好和孩子一起，了解他们常常玩的游戏，具体需要多长时间，根据游戏的具体情况制订时间管理计划。在孩子玩游戏过程当中，尽量不要打断他们所谓的"一局"游戏,否则会让他们特别有挫败感。当然,不鼓励孩子玩那种一局时间很长的游戏,控制在 20 分钟之内比较好。

按照前面讲的时间管理四个象限的划分原则,一定把玩游戏安排在重要的和紧急的事情之后,要让孩子明白,所有"正事儿"都做完之后,才是开心打游戏的时间。

要注意把孩子引导向玩游戏好的一面。这就需要家长对游戏进行了解,可以多和孩子沟通游戏的内容,从中挖掘出孩子感兴趣的点,或者闪光的点。比如,很多游戏是协作型的,特别考验孩子的团结协作能力,在聊到这种游戏时,家长就要强调合作的重要性,无形中培养孩子的合作意识。其实还有很多游戏都是非常人性化的,宣扬优良美德的,家长要善于从中挖掘出值得孩子学习的一面。

还要注意对孩子视力的保护。每次游戏的时间不要超过 30 分钟,游戏之后给孩子安排一定的休息时间。最重要的是每天都要安排户外运动,这是孩子放松眼睛的最好办法。

最后要注意,不要把玩网络游戏安排在孩子睡觉前,这会造成孩子的大脑神经兴奋,使孩子睡不好觉。

155

第五节　管理关键点：共同沟通，达成一致，坚定执行

1. 共同沟通

我们不得不承认，随着孩子年龄的增长，以前那个时时跟在我们身后的小孩子不见了，他们越来越有自己的生活，越来越不喜欢家长的管束，甚至与家长没有了共同话题。当然，这是有代沟的体现，也是无法忽略的事实。

而对于教育来说，首先要克服的便是沟通上的障碍，若是连一丁点儿共同话题都找不到，我们又怎能实现良好沟通呢？既然孩子的心思都在游戏上，我们也不妨多了解一下孩子喜欢的游戏，先走进孩子的生活，找到共同话题再说。

迷恋网络游戏只是孩子行为上的一种体现，或许你不知道，孩子真正缺乏的其实是一种内心的情感，不过到底缺乏的是什么，却需要根据孩子不同的情况特点来分析。有的孩子希望在游戏上找到成就感，有的孩子希望在游戏中找到陪伴自己的朋友，有的孩子希望在游戏中被人崇拜，而这些渴望正是他们现实生活中缺少的。当然，想要他们不再那么迷恋网络，这些东西也正是家长需要帮助孩子满足的。

解决孩子沉迷网络游戏的第一步是不管有多困难，都和孩子建立起沟通关系。对于大一些的孩子，很多家长很头疼，认为孩子已经到了叛逆

期,没法和大人沟通,甚至不和家长讲话。这时候我们要反省,有没有真正放下家长的架子关注过孩子的需求,有没有经常拒绝孩子的需求,有没有经常恶语相向,把孩子骂得一无是处。如果是,一定要先缓和亲子关系,多理解孩子,站在孩子的角度思考问题。

2. 达成一致

无论是前面讲到的家庭会议还是制作时间管理表,我们一直在强调,要和孩子一起规划完成,要尊重孩子的意见,让孩子参与到制定规划中,和孩子达成一致的建议,才能让孩子自觉完成,并且心甘情愿遵守。

同理,规定游戏的时间也一定要和孩子达成一致,不要太强制,也不要太妥协,总能找到折中的办法。要根据孩子的实际情况,设定玩游戏的时间。

但是,家长和孩子沟通时,常常很难达成一致意见,该怎么做呢?试试下面这六个步骤:

一是倾听孩子的感受和需求。孩子说:"我喜欢玩游戏。"这是孩子的需求,有的家长一听到这种话,立刻大发雷霆:"玩什么玩?学习怎么不这么上心!"几句话就把孩子顶回去了。这种模式下家长是无法和孩子继续沟通下去的。家长要拿出倾听的姿态,表示理解孩子想玩游戏的想法。

二是总结孩子的观点。孩子其实有自己的想法,对于玩游戏这件事情有很多自己的观点。家长要抓住孩子的这些观点,以便在下一步教育中很好地运用。比如孩子说:"玩游戏可以帮我找到很多好朋友。"家长可以表示理解,确认这是现实,承认打游戏的孩子能找到共同话题,在和其他孩子交流中很容易做到共情。这时候,家长不要评判孩子的想法,可以重复或总结孩子的想法,让孩子觉得家长理解他们。

三是表达自己的感受和需求。这时候家长需要讲讲自己对游戏的看法,表示出对孩子的理解,也表示出对孩子身心健康的担心。家长可以说:"嗯,听上去很不错,不过,我很担心你的视力。而且,你玩的时间太长的话,会耽误学习。"

四是邀请孩子和自己一起头脑风暴,找到解决办法。家长可以说:"那我们一起制定一个时间规划吧。"或者说:"咱们把玩网络游戏的时间放在时间管理表中吧。"然后和孩子讨论该玩多长时间,怎么保证在学习和锻炼身体等活动不受影响的情况下再玩游戏。或者,怎么能更加有效率地完成时间管理表中的任务。

五是写下全部的建议和意见,先不要做任何评价。

六是和孩子共同决定保留或者剔除哪些意见和建议,并商定如何行动。一步一步和孩子沟通,达成一致目标。

3. 坚定执行

一旦和孩子达成了一致的目标,家长一定要监督执行,否则一切都是纸上谈兵。在执行的过程中,要坚守以下几个原则:

一是坚守底线。家长在执行的时候要知道自己的底线,孩子会不断试探底线,要守住底线,比如,和孩子约定每天只能玩一小时网络游戏,那一个小时就是底线,不能让孩子越过这条底线。尤其是刚开始执行的时候,一定不能放松管制。

二是双方共同执行。家长和孩子制定的规矩是双方要共同遵守的,比如吃饭时不能玩手机,家长要首先做到。晚上10点休息,家长也要率先遵守。家长做好了,孩子才能做好,身教重于言传,所以有人说孩子是家长的复印件。

三是循序渐进地推动。家长是执行规则的推动者,而非监工。家长要看到孩子执行规则过程中每一小步的行动,千里之行,始于足下。不要太心急,也不要太贪心,慢就是快,学会欣赏和肯定孩子,关注孩子做到的好的方面。孩子如果违反规则,要和善而坚定地劝导,切忌指责和辱骂,

第八章 游戏时间管理

守住自己的底线。

四是要建立一个奖惩机制,对孩子做得好的地方、有进步的地方及时奖励。把这个奖惩机制和前面讲过的星星表结合起来使用。比如,如果今天孩子按照时间管理表上的规定玩了一小时游戏就放下了,家长就可以奖励孩子一颗小星星。反之,如果孩子今天玩超时了,在了解到具体原因的前提下,可以适当减去一颗小星星。不让孩子轻易出界。

五是及时调整规则。刚开始实行的时候,孩子难免有不适应的地方,这时候,我们要随时回过头来,审视我们的计划是不是不符合孩子的实际情况,有没有更佳的解决方案。要灵活运用规则。比如,有时候有特殊情况,孩子没能在当天做完功课,更没有拿出时间去玩游戏,那么,我们可以设定一个延时卡,给孩子灵活安排游戏时间的机会。

计划容易执行难,要坚持执行下去更难。能坚持到最后的就是胜利的家长。

第六节　游戏时间管理中几个有趣的方法

当然，我们在时间管理中，还可以用一些比较新颖好玩的方法，来引导孩子在兼顾学习的同时，满足自己玩游戏的需求。比如用运动换游戏时间、读书换游戏时间、学习成果换游戏时间、劳动换游戏时间等。

案例一：小胖子的逆袭

豆豆是一个很胖的小男孩，他9岁的时候，体重就已经达到120斤，身高也比同龄孩子要高很多。豆豆的肥胖不仅限制了他的活动范围，还对他的身心造成很多不好的影响。他因为胖，时常受到同学的嘲笑，同学嫌他活动太慢，不愿意和他玩。老师也嫌弃他，特别是体育老师，觉得他跑得太慢，总是拖后腿。豆豆因此自信心严重不足，不大愿意和同学打交道。

妈妈也很发愁，想让豆豆减肥，但是试了很多方法都不成功，差点儿就放弃了。后来，聪明的妈妈发现豆豆有一个优势可以利用，于是想出一个好办法。

豆豆虽然在学习和体育方面表现都不突出，形象也遭同学嫌弃，但是有一点别人都很佩服他，那就是他的网游打得很好。在别人看来，这不是缺点吗？玩网游的孩子能有什么前途？但是，豆豆妈妈决心利用豆豆这一点，引导豆豆进行减肥运动。

于是，豆豆妈妈给豆豆立了一个新规矩：如果他能跑步10分钟，他就能打 10 分钟游戏；跑的时间越长，他能打游戏的时间就越长。也就是说，豆豆妈妈采用了用运动时间换取游戏时间的奖励方法，鼓励豆豆跑步。

豆豆一听欣然接受，为了能多玩会儿游戏，原本不爱运动的豆豆还是坚持跑完了 10 分钟。刚开始那几天，虽然很累，但他还是坚持下来了。豆豆妈妈立即兑现她的承诺，允许豆豆多玩了 10 分钟游戏。没过几天，豆豆就对这 10 分钟不满足了。他开始尝试跑更长的时间，以便换取更多的游戏时间。没想到，就这样一天天跑下去，豆豆跑步的时间越来越长，他的体重降下来了，而且因为游戏交到了很多好朋友。当然，这个过程中，豆豆妈妈没有食言，依然坚持遵守着跑多长时间就玩多长时间的规定。

用运动换取游戏时间让豆豆养成了每天运动的习惯。后来，豆豆年龄增长以后，即便不玩游戏也坚持跑步，跑步已经成了他的生活方式。

案例二：不爱读书的小宝是怎么变成书虫的？

小宝都上小学了，还是不喜欢看书，识字量比同龄的小孩都少。为此，小宝的妈妈很头疼，她和小宝的爸爸平时工作很忙，没有时间给小宝讲故事，所以小宝没有养成阅读的习惯，反而很痴迷于网络游戏。

自然，小宝的学习成绩上不去，脾气还很暴躁，经常因为玩游戏的事情和爸爸妈妈起冲突，发起脾气来又哭又闹，爸爸妈妈也拿他没办法。

后来，小宝的爸爸妈妈转换思维，一起商议用读书时间换取游戏时间的做法来促使小宝读书，同时也能缩短小宝玩游戏的时间。为此，他们找小宝推心置腹地谈了一次，和小宝达成换取游戏时间的协议——小宝每阅读 10 分钟书，就可以多玩 10 分钟游戏；阅读时间越长，可以玩游戏的时间也就越长。

爱玩游戏的小宝起初有点儿不敢相信，爸爸妈妈居然同意给他玩游戏的时间，条件很简单，只要读书就可以了。于是，小宝很痛快地去看书，妈妈给他准备了一本比较简单的绘本，他很快就看进去了。可是小宝只坚持了10分钟，就急忙去换游戏时间了。这时候妈妈信守诺言，让小宝玩了10分钟网络游戏。这下小宝高兴了，看书就能换来游戏时间，那他就多看会儿书吧。

这样，小宝每天看书的时间越来越长，慢慢地，他能坚持看30分钟书了。这时候，爸爸妈妈和小宝约定，看书和游戏的时间，一次最多30分钟。这样做是为了保护眼睛。如果小宝还想换取更多的游戏时间，需要进行户外活动之后再接着进行。对此，小宝欣然接受。

就这样，小宝渐渐养成了读书的好习惯。刚开始，他只是数着时间阅读。后来，他沉浸在书中，时间不知不觉就过去了。他再也不觉得读书辛苦，反而体会到书的乐趣。有时候，就算不能玩游戏，他也要去看书。他的识字量由此大增，学习成绩也上去了。

豆豆和小宝的父母都是聪明的家长，他们遇上爱玩游戏的孩子并没有强加制止，而是选择采用迂回的方式，让孩子通过等量时间的运动和阅读换取游戏时间，来促成好习惯的养成，同时也合理地规避了孩子过度玩游戏。

我们家长不妨观察下自己的孩子，了解他们到底最需要什么，最感兴趣的是什么，以及想让孩子达到的目标是什么，然后一起想想办法，看能不能把学习成果、家务劳动时间都换算成等量的游戏时间，给孩子一个动力。

只要肯动脑筋，认真观察，我们总会找到一个合适的办法。赶快试试吧！

第九章
有意识地培养孩子适应社会的能力

第一节　给孩子犯错误的机会

建立每一个小目标，都应鼓励孩子去试错。

在进行时间管理的过程中，我们很可能还会遇到下面这些类似的情形，就算是一个很小的目标，也可能因为家长的干预而以失败告终。

◆ 孩子正在养成做家务的习惯，按照时间管理表的规划，每天晚上刷碗。一不小心把碗打破了，你就连忙跑过去关心孩子有没有受伤，让他回屋里待着，告诉他这次就不用刷了。结果孩子第二天洗碗的时候，又打破了碗。你不得不叫停了孩子的家务计划，觉得孩子还没到做家务的时候。就这样，孩子做家务的习惯还没养成就半途而废了。

◆ 计划表中有孩子每天都很喜欢的搭积木时间，他也很喜欢在这段时间里慢慢地享受。可是，你看孩子拼了 20 分钟，还不知道他在拼什么，就很着急地过去好心指导，告诉他房子应该这么搭，汽车厂应该那么搭，一味纠正孩子的"错误"。结果，孩子和你起了争执，对搭积木不再兴趣盎然。

◆ 本来和孩子约定好了，每天让他下去踢一小时足球。可是，有一天，孩子被球砸中，流了鼻血，你很心疼，觉得踢足球很危险。又过了几天，孩子因为踢球的关系，和伙伴发生了冲突，打架了。你就更闹心，决定不让孩子踢球了，换一种缓和的运动方式。

孩子在时间管理实践的过程中，难免会出现一些纰漏，往往就因为这

第九章 有意识地培养孩子适应社会的能力

些无心的小过错,被追求完美的家长剥夺了试错的权利,结果是什么也没学会。

如果在孩子打破碗的时候,告诉他:"没关系,妈妈有时也会打破碗的,下次小心就是了。"那孩子一定会满是欣慰地去刷剩下的碗,他一定会小心,也不会那么容易打破碗了。

如果孩子搭积木的时候你只在一旁静静欣赏,孩子停下来的时候,给他一个大大的鼓励,或者提一个小小的改进建议,而不是粗暴地改变他的想法,破坏他原来搭建的东西,他一定很乐意和你分享他的作品,指不定会有你根本想象不到的惊喜。

如果孩子被球踢到,你及时给他处理伤口,告诉他这很正常,运动时难免会受伤,重要的是,你告诉他处理伤口的方法,搞清楚他受伤的原因,教他下次如何避免,你的孩子将会越来越享受这项运动,他将在历练中变成一个无坚不摧的男子汉。

如果孩子打架了,不能心急气躁,要先询问清楚事情的原委,问清楚是哪个孩子先动的手,事情究竟是哪个孩子的错,要让孩子养成独立地辨别是非曲直的能力,要耐心跟孩子讲道理,让他们明白,不能打架,让他们自己认识到自己的错误,这样他们才能在日后更好地与其他小朋友相处。

试想,一个不被允许犯错的孩子,其心里到底有多荒凉?

很多家长自认为要对孩子进行完美的教育,永远追求让孩子做正确的事,孩子稍微偏离他们的理想,就会立刻被纠正。殊不知,这样培养出来的孩子不但不会变得精致完美,反而会出现很多人格缺陷,还有可能导致社交障碍。

比如,这位名叫丽丽的3岁小女孩,从小就被妈妈严格管教。有一次她和妈妈出去逛街,恰好遇到妈妈的同事。于是,同事好心地送给丽丽很多糖果，丽丽很开心地收下了。可是丽丽的妈妈坚决不肯要，从丽丽手里夺回了糖果，还给同事，说她的女儿从来不吃零食。丽丽没有哭没有闹，但是那双渴望的小眼神骗不了人，她很懂事地跟着妈妈走了。

一味追求完美，极容易养出讨好型人格的孩子。因为父母对孩子太过严格，孩子感受不到父母的关爱，也没有任性的资本，所以只能让自己乖一点儿，通过这样的方式来讨好父母。

孩子之所以会讨好父母，只因为他的心理处于一种不安全的状态。在现实生活中，被父母溺爱的孩子才会作天作地，而这些孩子拥有的资本就是父母的宠爱，这些孩子知道自己是安全的，无论怎么作怎么闹，他们内心都清楚父母不会抛弃自己。而那些讨好型的孩子的心理状态刚好与这些孩子相反。

不会拒绝别人也是讨好型人格的特点，无论对方提出多么过分的要求，他们都很难拒绝别人，如果自己确实没有能力达到别人的要求，他们还会为此愧疚不已，内心会时时刻刻担心因为拒绝别人而被讨厌。

讨好型人格的人因为太过考虑别人的感受，所以对待别人总是小心翼翼，从一开始就注定了无法跟别人平等，别人自然也会觉得不自然，所以无法跟讨好型人格的人交心。

因为父母过分追求完美，所以势必会对孩子抱有很高的期望。对孩子的期望太高，给孩子的压力也就会越大，这样就容易陷入恶性循环。有些家长认为教育孩子跟制造工艺品差不多，只要严格要求孩子，孩子自然就会想当然地变优秀，但是孩子是一个人，并不是一件工艺品，他也有自己的感受及思想。

教育家刘长铭说过这样一句话："中国家长无法接受自己的孩子将来会是一个普通人，当今社会上很多现象说明，他们看重的不是孩子本身，而是自己的孩子是不是比别人好。"所以这种教育本身就是一种很畸形的教育。

因此,在时间管理过程中,家长要学会犯懒,把主动权真正交给孩子。正如有的家长所说,"勤和懒是一对矛盾体,是互相牵制、相辅相成的。大人勤了,孩子就懒了;大人懒了,孩子就勤了。"

如果你能像有的妈妈一样"懒于接送""懒于陪读""懒于唠叨""懒于动手",而这种"懒",促成孩子养成了良好的学习、生活习惯,那你的孩子就不仅会主动学习、思考,生活也能"样样自理"了。不包办孩子的人生,培养他们对自己的学习和生活负责任的态度,引导他们走向成长和独立。

但是,犯懒并不等于放任不管,不等于让孩子一味犯错,那就是真的偷懒了。聪明的家长要做到"形懒而神不懒",要用积极的态度去感染孩子,而不是纯粹的袖手旁观,积极的引导和鼓励的态度是少不了的。

比如下面这位妈妈。有一天,孩子求她帮忙查字典,她拒绝了,但是她并没有就此"放心地离开",而是仔细观察分析孩子不爱查字典的原因。当她发现这是因为孩子用字典还不熟练时,便带他玩起了查字比赛,并故意输给孩子以激发他的学习兴趣。

这一次,这位妈妈没有"懒",而是多做了一些事——站在孩子的角度认真思考问题的原因,对症下药,并让孩子享受学习的过程。

在时间管理的问题上,我们同样要学会发现哪些是孩子能做的和有助于独立思考而可以放手的,哪些是他能力达不到而需要帮助的。而如何去发现,就要交给每一位父母自己去探索了。每天观察自己的孩子,认真分析问题,时刻反思自己的教育,是家长们无论如何都不能偷懒的。

第二节　让孩子认清世界的现实

有人说:"面对现实虽让人难过,却是唯一的获益之道。"现实可能让人难以面对,认清现实却也为生活带来长远的好处。要具备创造有效生活的品格,就必须对"现实"有健康的观念,我们所说的面对现实是指亲身体会到自己的行为在现实世界中的后果。

让孩子认知真实的世界是父母的责任。儿童心理学家皮亚杰认为:2—8岁是儿童道德和品格形成,受外部影响和规范的最佳时期。没有循循善诱的教导,孩子对善恶的理解是混沌的,他们没有是非荣辱观念,更不会随着年龄的增长凭空生出处事本领。

因此一味蒙蔽不是保护孩子,而是毁掉了他们的精神免疫力。不正确认识这个世界的美丑善恶,孩子怎能生出一对使自己免受伤害的翅膀?

2018年有一条新闻震动全国。上海某小学门口,一名丧心病狂的社会男子为报复社会,持刀砍伤3名男童和1名女性家长,两名男童抢救无效死亡。

惨案发生在中午12时许,而学校当天下午1点钟举行毕业典礼。两名男童惨遭不幸,两个家庭痛失希望,并没能让校方改变举行毕业典礼的计划。

校方虽然对惨案表示悲痛和遗憾,但认为这种极端的小概率事件有可

第九章 有意识地培养孩子适应社会的能力

能发生在任何地方。典礼上,对刚刚发生的惨案只字不提。一面是载歌载舞,欢乐祥和;一面却是流血惨案,生死离别。孩子们像被透明玻璃罩起来的童话人,不能接受任何跟"美好"无关的东西。

可童话终究遥远,孩子是现实生活中的人。而这种对负面事件"选择性忽略"的行为只会让孩子在知道真相后无所适从,他们会怀疑过去的一切,他们听到过的谆谆教诲,他们被长辈传递的价值观在那一刻也许会崩塌。

这一时刻本来正是对孩子们进行生命教育,教孩子识善恶、懂避险的最好时机,本来是一起为受难同学哀悼、告慰丧子的母亲,教孩子拥有同理心的最好时机,却在一片浮华喧嚣中度过。

著名教育家陶行知说:"不运用社会的力量,便是无能的教育。教育者不是造神,不是造石像,不是造爱人。他们所要创造的是真善美的活人。"事实上,孩子经历的那些社会事件正是最好的教科书。

那些每天真真切切发生在身边的事,尽管有的丑陋,有的不堪,甚至残忍,可它们却是孩子知荣辱、明善恶、丈量界限、认知世界、学会保护自我的最好教材。

我们也许和孩子一起看过董卿主持的《朗读者》节目,在那里我们可以了解很多名人的成长过程。对于孩子们来说是那么的遥远,却是真实存在的。例如:王洛勇为了学好英语,每天拉着舌练习,不管是在乘地铁时还是其他地方,不停地练习。经过三年的努力,让自己学会了一口流利的英语,逐渐走上纽约的大街小巷。

我们会正面引导孩子只要努力读书,辛勤工作,就会获得回报。电视屏幕上的人物总让孩子觉得遥远,让孩子没有办法相信那是真的。那就跟孩子讲讲自己身边的人如何努力的故事。可以讲讲爸爸妈妈自己在孩童时期是如何努力学习的，在如今，又是如何努力工作的。还可以给孩子读一读他们熟悉的名人传记，比如贝多芬、爱因斯坦、牛顿的传记等。

当孩子们看到别人有大成就时，往往只看到成就的本身，却没有看到成就背后的因素，产生"神奇"的想法，误以为某人之所以能够成就大事，是因为他有过人的能力，或知道某些秘而不宣的秘诀。孩子们以为他很神奇，事实却是：那些都是逐日、逐步、逐件事积累而来的。因此，家长也需要教导孩子有这样的想法，让他们懂得这一点，孩子就会知道自己同样可以成就大事，并因此能从积极健康的一面去看待"现实"。

但是，"现实"也有另一面，例如，浪费时间和懒散会让我们付出一事无成的代价，超速会让我们付出不能用车的代价，恶劣的行为会让我们付出承担后果的代价。如果让孩子了解这一点，我们就能引导孩子朝着"希望得奖赏"的方向去努力，也会愿意避开因表现不佳或拙劣选择所带来的痛苦。

我们认得一些不太看重现实的成人，他们持续做拙劣的选择，然而呢，要不就是别人帮他们绕开灾难，直到真正大难临头，要不就是再三地在可怕的失落中受苦，我们实在不懂他们为什么继续做同样毁灭性的选择。

然而，作为家长的我们一定要引导孩子正确认识现实、看重现实，别人的成就是勤奋学习得来的，而自己通过努力也能成功。

让孩子了解真实的世界，方式很重要。

而我们要怎样告诉孩子真实世界的情形呢？

1. 不必强求。事情该是怎样就是怎样，无论如何，父母都不应该带着自己的主观想法去强迫孩子。家长或许认为让孩子过早地知道现实，也许能让孩子更好地学会保护自己,在这种观念的加持下,他们会将真相说给孩子听。

对于这个做法而言,一方面,孩子还小,他不一定就能听懂,就算你给孩子讲了,那也只是强迫输入,太过灰暗的现实也会让孩子的幼小心灵变得灰暗。

另一方面,遵循孩子的成长规律是有必要的。很多道理会随着孩子年龄的增长而被孩子理解。孩子会用自己的方式去理解、认识这个世界。

另外,家长也没有必要为了让孩子保持童真,强行给孩子创造一个梦幻的世界。

2. 建立正确的自我认知。本来每个人对于这个世界的认知就是主观的,谁能肯定这个世界是好的还是坏的?社会从来都不是可以被完全认知的,家长的态度决定了孩子看世界的角度。

父母认为这个世界是美好的,可能就会传递给孩子这个世界是美好的讯息。相反,父母自己都觉得这个世界充满邪恶,还怎么让孩子对世界、社会充满希望呢?

家长的自我认知很重要,孩子还小,父母就是孩子的全世界。他们的认知是需要父母带他们建立的。

3. 现实和童话可以共存。当孩子问为什么电视里那些小孩衣服都破了,也没有吃的的时候,家长可以告诉孩子那些孩子吃不饱穿不暖,可能是因为他们不够幸运,没有好的家庭条件,但是财富也需要付出努力才能获得。

你可以告诉孩子,爸爸妈妈可以给你好的生活,这就是幸运。但当你想要某一件东西,而爸爸妈妈没有给你的时候,你可以通过某种方式努力让爸爸妈妈愿意给你。

公主可以嫁给王子过贵族生活，也可以选择跟普通人过平民生活。丑小鸭变白天鹅的故事，到底是告诉我们不要以貌取人、注重心灵美的道理，还是告诉我们丑小鸭变成白天鹅只是时间的作用？不管哪一种，只要对教育孩子有积极意义，那就是可以让孩子了解的。

第三节　将时间管理转化为行动的内驱力

在时间管理过程中，家长还会遇到一个令人头疼的问题，这也是比较常见的现象，就是孩子总是需要家长盯着，即便是按照时间管理表上的计划执行，孩子也照样需要家长的督促，总是需要家长推着走。令人苦恼的是，只要不在家长的视线范围内，孩子就没法主动完成任务。

说到底，还是因为没有激发出孩子的"内驱力"。如果想真正培养起孩子的某个好习惯，根本做法就是让孩子爱上这件事情，无论这件事是学习还是弹琴。

大多数父母都不信任孩子，总认为孩子必须"管"，好习惯也是要强制培养的，可是越管，采取的强制做法越多，孩子的问题也越突出。

正确的做法是，激发孩子的"内在驱动力"，因为这才是他尝试并坚持的动力。来看看下面这个小案例：

一位妈妈非常重视孩子自主阅读能力的培养，可是她又不愿逼迫孩子去阅读。于是，她想了很多办法来引导孩子。比如，她会很投入地和孩子共读一本书，然后就书里的一些细节和孩子聊点儿有意思的话题。兴之所至，她们还会一起玩角色扮演的游戏。

她的原则是不拘泥于任何形式和场景，总之一句话，就是让阅读的过程充满乐趣。因为她觉得，只有孩子真正对阅读产生了兴趣，才有可能坚持下去并享受过程，才能真正养成好的阅读习惯。

当孩子有了自主感和成就感,培养内驱力也就不是困难的事情。只有孩子自己主动选择事情,他才能感受到"责任"。当然,在这个过程中,父母可以花心思做一些不着痕迹的引导。

比如,有位妈妈想让女儿学习舞蹈,可是又不想替孩子做主直接给她报名。于是,她经常带女儿去看舞蹈演出,每到精彩处,还会发自内心地赞叹几句。女儿深受感染,很快就主动提出自己也想学跳舞。这位妈妈说:"学舞蹈可是很辛苦的一件事情哦,练基本功还会疼哦,你可要想清楚了,觉得能坚持咱们再学。"

小姑娘特别坚定地说:"我不怕,我一定可以坚持的。"果然,在练功的过程中,她好几次都痛得眼泪在眼眶里打转。妈妈又说:"这么疼,咱别练了。"没想到小姑娘特别坚定地说:"不要,我一定可以的。"

这就是自主感的力量。让孩子觉得这是她自己的选择,她要为这个选择负责任。另外,孩子在这个过程中获得成就感和愉悦感也非常重要。孩子都是更愿意做快乐的事情,并本能地回避那些给他带来压力和不快乐的事。很多时候成人也是这样。因此,从学习中感受不到乐趣和成就感的孩子是没有办法爱上学习的。这也是在学习这个问题上,为什么父母和老师越是苦苦相逼,孩子越是容易厌学的原因。

当然,家长还要注意"过度理由效应"。

家长遇到的另一件头疼的事情是,当我们的星星奖励办法开始实施时,我们的孩子有可能把这些奖励当作执行时间管理表的最终目的,而忘记了他们这么努力的最初理由是什么。结果,一旦奖励不在,他们就没有理由继续坚持下去了。

这就是我们要警惕的"过度理由效应"。对于孩子的成长来说,家庭教育已经超越了学校教育而成为孩子能否健康快乐成长的关键性因素。而在家庭教育中,家长为促进孩子学习而采取错误的奖惩方式,却往往会成

第九章　有意识地培养孩子适应社会的能力

为阻碍孩子实现健康成长的决定性因素。

为了让孩子好好学习或者听话，家长往往会许诺给孩子一些奖励，根据表现奖惩。这种外在刺激的不断强化会慢慢减弱孩子的内在动力，并让孩子逐渐改变认知。当孩子的内心建立起"学习是为了获得奖励"的思维模式后，外部奖励的弱化或消失就会让孩子失去前进的动力。

1971年，心理学家德西以大学生为实验对象，准确验证了"过度理由效应"。实验过程分为三个阶段：一是解题不奖励阶段，让被试者自己解题。二是解题有奖励阶段，把被试者分为两组，一组解题有奖励，另一组则不奖励。三是自由休息阶段，两组被试者都自由休息。

实验结果显示：在第二阶段被奖励的被试者在获得奖励时非常努力，但是在无奖励的第三阶段却失去了对解题的兴趣，而始终没有奖励的被试者却仍然继续解题。

这个实验结果充分说明了"过度理由效应"对个人内在状态和外在行为的影响。在实验中，第二阶段获得奖励的被试者由于奖励的出现，自己对解题本身的兴趣转化为对奖励的渴望，当奖励终止时，行为也随之终止。但是，从未获得奖励的被试者却没有受到影响，依然带着自己对解题的兴趣继续努力。

事实上，"过度理由效应"存在的范围非常广。无论是在家庭教育中还是在学校教育中，甚至是在企业管理中，主导者对"过度理由效应"的不当应用，都会引发个体内部动力的消失和外部动力的强化。因此导致的后果就是：一旦外部动力消失或停止，个体的动力源就会中断提供而引发行为终止。

在时间管理中，为了让孩子喜欢学习或者养成一个好习惯而不断强化外部奖励措施，当奖励措施无法满足孩子越来越大的"胃口"时，孩子就会出现成绩下滑、习惯停滞甚至与家长对抗的行为。

因此，对于家长而言，合适的奖惩更加有益于促进孩子内驱力的形成。

有效的家庭教育是帮助孩子强化内在动力，引导孩子把内在动力转化为外在行动，并坚持下去。尤其是在时间管理过程中，更需要持续不断的内驱力。在奖惩方面，家长可从以下三点入手：

第一，建立有效的沟通模式，实现与孩子的无障碍沟通，准确了解孩子的需求，并感受孩子的情绪状态。在养成一个习惯之前，我们一定要和孩子先明确，养成这个好习惯的初衷是什么，并且在执行过程中，需要多次强调，不要让孩子背离最初的目标，为了奖励而努力。

第二，选择适合的奖励方式，注意要"精神大于物质"，更多地让孩子感受到来自父母内心的信任和支持。

第三，及时肯定孩子的正向行为，或者负向行为中的正向价值。每一种行为背后都有其正向意义，哪怕是看上去很糟糕的行为也有正向价值。学会透过糟糕的表象看到内在的正向的内容是家庭教育中至关重要的一环。

第四节 毅力养成——将培养成的好习惯固化下来

当我们发现孩子能够按照时间管理表中的计划一步步坚持下来的时候，我们可以认为这是内驱力发生了作用，而此时，我们也更加欣喜地发现，孩子拥有的是一种可贵的品质，叫作毅力。而事实上，关于毅力，我们也只在古人的"滴水穿石""只要功夫深，铁杵磨成针"等成语诗句中领会，却极少见到有人通过真正的样本研究给出数据方面的确凿证据，直到安吉拉·达克沃斯出现。

毅力的研究源于达克沃斯的一段教书经历，随后达克沃斯对不同领域的各个行业的人进行问卷调查，通过对西点军校学员的研究，对美国拼字比赛参赛者进行追踪调查以及对贫困地区新任教师进行研究调查，结果显示出在挑战性情景下毅力对于成功的预测作用。

达克沃斯在任职教师期间，在给学生们计算考试或家庭作业的成绩时发现，IQ 的高低并不是最好的和最差的学生之间唯一的差别。一些在课业上表现很好的学生并不具有非常高的 IQ 分数，一些非常聪明的孩子反而在课业上表现得不那么尽如人意。

这个有趣的现象引发了达克沃斯的思考，并在之后几年的教学中继续观察研究，并得出一个结论：我们在教育方面所需要的是从学习动力和心理学的角度，对学生和学习行为进行一次更为深刻的理解。

在所有不同的情境下，有一种性格特征凸显了出来，这种特征在很大程度上预示了成功。而且它并不是社交智力，不是漂亮的外表，强健的体魄，也不是很高的 IQ，它是毅力。

毅力是对长远目标的激情和坚持，毅力是拥有持久的恒劲。毅力是你对未来的坚持，日复一日，不是仅仅持续一个星期或者一个月，而是几年甚至几十年努力奋斗着让自己的梦想变为现实。毅力是把生活当成一场马拉松而不是一次短跑。

达克沃斯对上千名初中生进行了关于毅力的问卷调查，一年多后，再去看最终是哪些学生能毕业。结果证明，那些更具毅力的学生在毕业上占绝对优势。

即使是在同样可以量化的外在因素条件下，如家庭收入、标准化成绩测验的分数，甚至是孩子们在学校能获得多少安全感之类因素，最后表明仍是有毅力的学生更容易毕业。

所以，不仅仅是在西点军校里或者全国拼字比赛上才需要毅力，在学校亦是如此，尤其是对于那些徘徊在辍学边缘的孩子们。对于达克沃斯来说，关于毅力最让人震惊的事情莫过于：对于毅力，我们知之甚少。

在培养毅力方面，科学的理解和认识又是何等贫乏。此项研究数据十分清楚地表明，有许多才华横溢的人都无法坚持兑现自己的承诺。事实上，根据这些数据来看，毅力通常与其他因素无关，甚至与才华的衡量标准背道而驰。而恰恰是有毅力的人更容易迈向成功的大门。

培养有毅力的孩子，先做有毅力的父母。

很多家长和老师都会问："怎样做才能培养孩子的毅力呢？该做些什么才能教授给孩子们真正的职业道德？又该怎样调动他们长期的积极性呢？"

答案首先是，做一个有毅力的父母，这是孩子有毅力的先决条件。

对孩子来说，千言万语的教育不如一个行动。我们常常听到家长这样抱怨，一件事情说了一百遍了，他还是不听。从小就跟孩子说，好好学

第九章 有意识地培养孩子适应社会的能力

习,可是他就是不好好学习。但是行为却可以起到潜移默化的作用,很难想象一个喜欢打牌的父母,他的孩子能好好学习;一个喜欢抱怨的父母,他的孩子会知道感激;一个不爱学习的父母,他的孩子会爱学习。

原腾讯副总裁、多本畅销书作者吴军博士在《大学之路》中曾经讲到他的父母对他的影响,特别应景这个话题:"我的父母教育子女应该算是成功的,但是他们自己却一直没有意识到他们教育子女的真正秘诀。我和弟弟很多年后回过头看,才明白秘诀其实在父母自己身上。我的父亲没有机会上一个全日制正式的大学,不过他学习了一辈子。他利用在大学工作之便,去补习了一门又一门大学课程,做科研也非常努力,得了很多国家发明奖和科技进步奖,最后居然能在一个极为看重文凭的大学里被提升为教授级研究员,不能不说是一个奇迹。在我的印象中,父母晚上从不参加应酬,甚至不看电视剧,总是非常有规律地学习。我的母亲现在快80岁了,依然每天坚持学习。父母们并不知道,他们在对我们兄弟的教育上最成功之处是以他们的行为潜移默化地影响我们,让我们渐渐养成了终身学习的习惯。"

这就是榜样的作用。如果你和孩子规定了每天练琴30分钟,那么你也要给自己定一个每天学习30分钟的计划,和孩子一起完成。你要不吝啬花费自己的时间,把自己努力工作和学习的一面展现给孩子,让孩子看到你比他们还要努力。一定要有一个常年坚持的习惯,比如运动,比如写书法。只有父母能够坚持,才能让孩子看到坚持的希望。

到目前为止,在孩子身上培养坚韧品质最有效的方法叫"成长型思维模式(growth mindset)"。斯坦福大学教授卡洛·杜威克提出过一个观点,她相信人的学习能力是可变的,它随着你的努力程度而变化。

杜威克教授表示,当孩子们阅读和学习了有关大脑的知识以及大脑在面对挑战时所发生的变化和成长情况的内容,他们失败之后更容易坚持下去，因为他们不相信会一直失败下去。因此，成长型思维模式对培养毅力大有裨益。

如果我们认为自己的智力和能力是一成不变的，而整个世界就是由一个个为了考察我们的智商和能力的测试组成的，我们拥有的就是"固定型思维模式"（fixed mindset）。固定思维的孩子往往害怕失败，担心自己看起来不那么聪明，比较笨，而拒绝接受挑战、面对困难，由此他们的发展潜力会受到限制。

如果我们认为所有的事情都离不开个人努力，这个世界上充满了那些帮助我们学习、成长的有趣挑战，我们拥有的就是"成长型思维模式"。

那些成功孩子的思维模式就属于成长型的。他们相信通过努力可以改变智商和能力，相信自己的潜力是未知的，困难和失败只是帮助自己进步的挑战，他们对学习充满热情……

我们到底怎么培养孩子的成长型思维？其实，一些很小的干预就能起到塑造成长型思维模式的作用。

比如，更加明智地表扬孩子。对孩子的表扬一定要具体明确，表扬孩子过程中呈现的品质而不是结果，比如他的努力、专注、坚持、创意、策略等。

比如，教会孩子使用"yet"一词。杜威克教授在芝加哥一所高中发现，在那里，考试不及格的孩子得到的分数不是用代表失败的界定词（比如不合格的F）表示，而是"not yet"（尚未达到）。这两者的意味完全不同。

如果孩子得到的是"不合格"的评定，他可能认为自己已被判断为失败者，没有进步的空间，学习的大门被关上了，而"not yet"则意味着他还在学习的轨道上，只是没有到达终点而已。

所以，如果孩子说"这个我做不了"，请教会他在句尾加上"yet"，意

第九章 有意识地培养孩子适应社会的能力

味着他只是现在还做不了,但下次会做得更好。运用"yet"这个词,我们能帮助孩子塑造这样的思维模式:当前的挫折和失败只是学习曲线中正常的一部分过程而已,积极和努力会让他下次做得更好。

换成中文的意思就是,"不要一棍子打死",而是"尚需努力"。

第十章
家长如何成为合格的监督者

第一节　孩子10岁之前父母要做的三件事

第一件事，与孩子共度美好时光。

前面我们提到过，那些磨磨蹭蹭的孩子总是没完没了地看电视，或者没完没了地玩手机，或者边看电视边玩手机。而那些优秀的孩子看电视、阅读、写作业的时间是分得很清楚的，从这些细节处，我们就能看出两种孩子之间的差别。

但这些差别背后其实是父母的差别。所以，我们在这里强调，父母跟孩子一起度过美好的时光是非常重要的。为什么呢？因为孩子总是有意无意地模仿着父母的行为。

孩子看似没有整天盯着母亲，其实他总在认真地观察妈妈，把妈妈的一举一动印在了脑子里。更可怕的是，爸爸妈妈自己没有注意到的事情，孩子也都看在眼里、记在心上了。

如果我们把人也当作动物就好理解了。对孩子来说，自己和爸爸妈妈的关系就是一个最小的社会，父母是绝对的君主。父母是抚养自己的，他们当然占主导地位。

所以，为了让给自己食物的"绝对君主"喜欢自己，孩子对父母的一举手一投足都不放过地仔细观察，本能地从中寻找让他们喜欢自己的捷径的信号。所谓的捷径就是模仿父母的行为。他们会认为，如果自己和"绝对君主"做同样的事情，肯定不会被讨厌。

所以，对于孩子来讲，最不能理解的就是父母的行为和他们的言论不一致。比如，妈妈对孩子说："别看电视了，学习吧！"但是自己却在看电视。这样的家庭是很多的。因为父母会想，孩子学习的时候正好是自己可以轻松一下的时候，但是在孩子心中，他会觉得"反正妈妈在看电视呢，我看看也没关系的"。

动物的本能都是选择舒适轻松的捷径。所以，看到妈妈看电视的孩子会觉得看电视比读书舒适，他的注意力自然不会集中到学习上，而是时刻惦记着电视的内容。有的孩子甚至为了看电视和大人一起熬夜。这种陪伴带来的负面效应大于正面效应。

所以，提倡与孩子共度美好时光，并不是你和孩子共处一室就可以了，你要和孩子产生心灵上的共情连接，达到行动上的一致。比如，一起看书，一起做户外运动，一起学习，等等。

第二件事，成为孩子的好教练。

运动员在大赛来临之际都会与教练一起集训。集训最重要的目的是与教练一起生活，让教练掌握选手的日常起居情况，对其身体进行调节管理，结果往往会使选手的成绩提高。不仅仅是跑步训练、肌肉力量训练，教练通过与选手一起生活来管理他的生活习惯，由此培养出他们更强的能力。

再来看看马拉松比赛。在马拉松比赛中，运动员都知道有一个不成文的规律，那就是"先头集团"规律。马拉松的距离是 42.195 公里，这是一个漫长的距离。运动员如果刚开始的时候没有跑进"先头集团"，到最后是很难做到第一个冲刺的。

也许你认为这么长的距离什么都有可能发生，即使刚开始跑在后面，也有可能最后挽回局面。但是在实际的马拉松比赛中，这种情况极为少见。所以，对马拉松选手的训练，特别是**他们的基础体力的训练**，以便于他们在开始的 10 公里内能留在"先头集团"是很重要的。

因为在这 10 公里的距离内，如果运动员能处于"先头集团"，他就会渐渐保住自己的位置，而且还有奋起直追的后劲。同理，在培养孩子方面，我们同样需要在孩子 10 岁以前将他们带入"先头集团"，让那些优秀的孩子带着跑，他才有可能跟着优秀的朋友们跑向终点。而父母要做的就是像教练那样培养孩子学习的基础能力——学习习惯、毅力。

那么，如果一开始就拍着孩子的屁股让他跑，又会如何呢？——那样的话会有可怕的后果。没有基础体力的孩子，如果一开始跑得太快，甚至跑到第一的位置，就会没有力气坚持到最后，有可能中途放弃。

所以，对教练来说，不仅要培养孩子进入"先头集团"的基础体力，还要让他具有跟"先头集团"一起跑向终点的"持久力"，这是教练的重要使命。

在学习上也是如此，首先要让孩子从小就具备在"先头集团"坚持下去的好的学习习惯和毅力。这是父母的使命。

如果一开始没有进入"先头集团"，过后再想迎头赶上，成为学习好的孩子，是非常艰难的。跟落后集团的孩子在一起的话，总是觉得逃一天课也没什么，久而久之就有可能养成坏习惯。

另外，人其实还不是那种坚强到可以独自一人孤零零地努力的动物，如果他周围一个人也没有，只能靠自己，恐怕是不能成功的。只有在集团中被带动着往前走，才有可能充分发挥自己的才能。而且，通过跟紧"先头集团"的节奏，更能增强自己的"学习持久力"。

第三件事，给孩子一个"我很优秀"的潜意识。

我们常常讲，不要随便给孩子贴上负面标签，比如"他一直很胆小""他不爱说话""他不懂礼貌"等，因为孩子很容易被这些标签误导，潜意识里以为自己就是胆小的，就是不爱说话的，就是不懂礼貌的，久而久之，真的会成为那样的人。

那如果我们从正向来引导，从小就让孩子意识到"我很优秀"，这样的潜意识暗示必将引发一系列正向的回应。所以，在孩子 10 岁以前，一定要让他萌发"我很优秀"或者"我学习很好"这种意识。这样，他为了避免从那些优秀孩子的队伍中掉出来，会自发地努力让自己变得更好。

曾经有人做过调查，调查对象包括小学生、初中生、高中生，调查的课题是，在哪个阶段能成为学习好的学生。通过对"学习好的孩子"进行研究，得出一个明确的结论——学习好的孩子是在小学四五年级的时候产生"学习好"的意识的。

有意思的是，产生"学习好"的意识的孩子是不是就非常喜欢学习呢？大家一定都以为学习好的优秀孩子一定是喜欢学习的。但是，调查的结果显示，学习好的孩子并非都喜欢学习。

那么，为什么那些不喜欢学习的孩子却能够成为学习好的优秀孩子呢？那是因为，他们已经被牢牢地定在了"学习好的孩子"的位置上。就像前面我们讲的"先头集团"的例子，那些跑进"先头集团"的运动员被固定了位置，想要落后都难。

学习好的孩子自己当然也认为自己很优秀。同样，他的妈妈、其他家人，还有朋友、老师，他周围的所有人都知道他是学习好的优秀学生。

这时候，你想象一下这孩子最苦恼的事会是什么呢？他最害怕的事就是此前建立起来的"学习好的优秀学生"的形象倒塌。这关系到自己的自尊心问题，所以他非常害怕自己的定位被改变。

所以，尽管孩子不喜欢学习，他却想一直保持"学习好的孩子"的好形象。为此，他会一直保持高涨的学习热情。

那么，为什么不喜欢学习的孩子还能够学习好呢？一定是有人在一定程度上强迫他学习的。是谁呢？就是他的教练——妈妈。

其实，哪个妈妈不希望自己的孩子成为学习好的优秀孩子呢？希望是希望，但是总有学习好和学习不够好的差别。我们可以看出妈妈到底有没有让孩子成为优秀儿童的执着之心。

没有特别喜欢学习的孩子，他们为了不学习，总是会想出各种各样的理由："我一会儿再做。""我还有别的事情呢！""我就看一会儿电视。""我想跟朋友去玩儿。"

这种时候，强迫心爱的孩子去做他讨厌的事情，对妈妈来说也是件痛苦的事。于是，妈妈就会说"还是让孩子自由自在地成长吧""让他成为一个自主思考的人吧"，或者"让他自己做主吧"，觉得这样是为孩子着想。很多人都是这样在不知不觉中找到借口。

要想成为好教练，就不能给孩子找任何借口。要让孩子萌发自己是学习好的孩子的意识，想让孩子认为自己是优秀的孩子，妈妈就要在孩子还没有这种自觉意识的小学低年级的时候对其及早训练，早日形成习惯，让他们不要给自己的懒惰找借口。

所以，妈妈们一定要按照我们的时间管理表认真培养孩子的生活和学习习惯，争取早日把孩子送进"先头集团"，让他们在"我很优秀"的队伍里奋发前进。

第二节　测测你是哪种类型的妈妈

以下24个问题是用来测试妈妈的类型的，看看你有没有成为合格的陪跑教练的潜力。在问题后面请回答"是"或者"不是"（在上边画圈），题后括号里是这一题的分值，只要回答"是"，就得括号中的分值。不用仔细考虑，轻松选择你的答案即可。

关于妈妈自己的问题：

Q1　总是将预定时间提前，想尽早完成任何事情（是，不是）（1）

Q2　制订好计划再行事，对此很擅长（是，不是）（1）

Q3　早饭总是在固定的时间吃（是，不是）（1）

Q4　经常会没完没了地开着电视（是，不是）（-1）

Q5　一天的时间表都是定好了的（是，不是）（2）

Q6　是比较严格遵守时间的类型（是，不是）（1）

Q7　自己是比较擅长统筹安排的（是，不是）（1）

Q8　自己小时候家里对晚上回家时间要求很严格（是，不是）（1）

Q9　认为自己是小时候家教很严格的类型（是，不是）（1）

Q10　看电视的时候事先决定好看多长时间（是，不是）（1）

Q11　就寝时间一般是定好了的（是，不是）（1）

Q12　小时候，自己的暑假作业都是很认真地按照计划来做的（是，不是）（1）

Q13 制定像"今天的计划表"那样的东西来管理自己的行动（是，不是）（4）

Q14 即使制订了计划也经常不按计划执行（是，不是）（-3）

关于与孩子的接触：

Q15 经常让孩子帮助干家务（是，不是）（1）

Q16 孩子家庭学习时（包括幼儿学习）在他旁边看着（是，不是）（2）

Q17 孩子熬夜的话会严格处理（是，不是）（-1）

Q18 控制孩子看电视的时间（是，不是）（3）

Q19 孩子家庭学习（包括幼儿学习）的时候父母不看电视（是，不是）（2）

Q20 在旅行目的地也会让孩子学习（包括幼儿学习）（是，不是）（5）

Q21 孩子在起居室学习（包括幼儿学习）（是，不是）（1）

Q22 孩子经常会没完没了地看电视（是，不是）（-4）

Q23 孩子小时候给他读书听（是，不是）（3）

Q24 让孩子有时间意识，告诉他到几点必须做什么事（是，不是）（1）

测定方法：

首先，我们把这24个问题分为五个部分。

A. 生活节奏题，包括Q3、Q5、Q11、Q21、Q23。

B. 看电视题，包括Q4、Q14、Q22。

C. 时间限制题，包括Q15、Q17、Q18、Q19、Q24。

D. 安排/计划题，包括Q1、Q2、Q6、Q7、Q8、Q9、Q12。

E. 行动管理题，包括Q10、Q13、Q16、Q20。

其次，我们按照自己的回答，分别算出A、B、C、D、E这五个部分的总分数。由测定结果我们可以大概把妈妈们分为超级妈妈、电视妈妈、稳重妈妈和无规律妈妈四种类型。

注意以下评测标准：

E 得分 4 以上，并且 D+E 得分 9 以上，并且 A 得分 6 以上，并且 B+C 得分 0 以上，同时满足这四个条件的，是超级妈妈。

A+B+C+D+E 得分 14 以上但是 E 得分 4 以下，E 得分 4 以上但是 D+E 得分 9 以下，E 得分 4 以上且 D+E 得分 9 以上但是 A 得分 6 以下，A 得分 6 以上但是 A+B 得分 12 以下并且 B+C 得分 1 以上，A 得分 6 以下但是 A+B+C+D+E 得分 9 以上并且 B+C 得分 2 以上，这五种复杂的情况的妈妈类型都属于稳重妈妈。

A+B+C+D+E 得分 14 以上但是 B+C 得分 0 以下，A 得分 6 以上且 A+B 得分 12 以上但是 A+B+C+D+E 得分 14 以下，A 得分 6 以上但 A+B 得分 12 以下且 B+C 得分 1 以下，都是电视妈妈。

A+B+C+D+E 得分 9 以下，A+B+C+D+E 得分 9 以上 14 以下但 B+C 得分 2 以下并且 B+C+D 得分 6 以下，这两种情况属于无规律妈妈。

你属于哪种类型的妈妈？

◆ 超级妈妈

无论在旅行中还是在外面的某个地方，不管发生什么都保持一定的生活节奏。无论平时还是在休息日都在几乎相同的时间起床、吃饭，你不会因为日子的不同而改变生活节奏。比如，即使在休息日的前一天，也不会在孩子睡觉之后熬夜。

妈妈和孩子都会定好每天看电视的时间。这样的妈妈一般也都是在家教很严的家庭中长大，晚上回家时间规定得很严格，双亲也比较严厉，所以她们会严格遵守时间。

正因为如此，妈妈从小就对孩子灌输时间意识，告诉他们"到几点几点就干什么什么吧"。另外，这个类型的妈妈几乎都从孩子小的时候就开始给他们读书。而且，在孩子上幼儿园以后帮助他们进行幼儿学习；在孩子上小学以后，经常在他们旁边看他们写作业或学习。这些妈妈对孩子的行动管理可谓无微不至。

孩子上小学以后，她们会抱着"上了小学当然应该学习"的信念，彻底做到"孩子学习时候绝对不看电视""晚饭前一定让孩子完成作业"等。她不会只是呵斥孩子，而是自己身体力行，主动做孩子的榜样。她们的特征就是，制订几乎跟时间管理表一样的计划，无论平时还是休息日，都过着同样有节奏的生活。

这个类型妈妈带的孩子大都顺利通过幼儿园、小学以及中学的考试。升学之后可以把握自己的生活，孩子也会成为用功的孩子。

◆ 电视妈妈

这类妈妈有一些基本的生活节奏。但是，一涉及电视则完全乱了，一有想看的节目就无休止地看下去。

这样的妈妈由于经常开着电视，最终会无所事事，没完没了地看下去。所以，虽然她们也制定了养成好的生活习惯的时间表，但是几乎没有按计划执行过，都沉迷在电视里了。生活的规律被看电视所影响，这是电视妈妈的特征。

电视妈妈一边看电视一边做家务，即使孩子学习的时候也毫不在意地开着电视，孩子自然也就养成一边看电视一边学习的习惯。另外，孩子和他的朋友们一起打游戏的时候，即使孩子没遵守当日的时间表按规定时间结束，妈妈也不会呵斥他让他去做作业或学习。

电视妈妈虽然看似严格地对孩子说"到几点你得做什么"，但是她自己始终沉迷电视，孩子也不会乖乖地听她的话。

在孩子的学习上，电视妈妈是全凭孩子自主学习的放任主义者，有时候把孩子交给老师就不管了。孩子看着妈妈这样而长大，于是他的学习和玩耍也没有明确区分，没有张弛。电视妈妈不会强制孩子学习，总觉得"总有一天孩子会自觉地学习的"，对孩子的学习抱着乐观的态度。

这个类型的妈妈的问题是，虽然做了时间表，却抵挡不了电视的诱惑，制订计划而不执行。她们应该学习目标管理和培养目标管理的能力。

◆ 稳重妈妈

这种类型的妈妈每天吃饭、入浴等的时间大致都有规定，生活节奏比较平稳。她会把自己和孩子的预定之事都写在记事本或者日历上，以便有效管理。每天必做的家务也会在短时间内完成，效率相当高。

她们不会无休止地看电视，一般从几点看到几点就会关掉，或者只在吃饭时间看，吃完了就关掉。所以，她们不会为电视所累。孩子也因此被规定了每天看电视的时间段以及看多长时间，规定了就会贯彻执行。

但是，稳重妈妈有个问题，那就是对孩子不够严厉。虽然制定了日常生活的时间表，并想着按计划让孩子学习，但是关键时候常常心软。她们会想，"孩子不喜欢的事情干吗要强迫他们做呀"，所以不会一心一意地对孩子的学习加以严格管理。

当然，无论哪个类型的妈妈，在孩子高高兴兴玩耍的时候都不想打搅他们，稳重妈妈尤其如此。所以，孩子跟小朋友一起玩得开心的时候，打游戏打得如火如荼的时候，她们不想说"快去学习吧"而让孩子沮丧。

在家庭学习方面，她们基本上会陪在孩子身边，但是并不能掌握孩子是否解决了问题，或者到底会不会做题目，而只是关心他们做到第几页了，即只是关心做作业的进程。

稳重妈妈的目标管理能力和注意力集中能力都还处于一般水平。要想成为真正的超级妈妈，要加强自己的强制力。

◆ 无规律妈妈

这个类型的妈妈小时候肯定在暑假行将结束时才匆匆忙忙赶作业。她们一般不会事先制订计划按部就班完成，而是到紧急关头才投入战斗一气呵成。这些妈妈小时候的习惯一直延续至今，她们对制订计划、按计划行事比较挠头。她们更喜欢不被时间约束，自由自在地生活。

她们的家庭里也很少有一家人聚在一起吃早餐或晚餐的时候，休息日前一天妈妈和孩子都整宿不睡，第二天当然一起睡懒觉。而且，在家的时候都是整天地开着电视。即使制定了一天的行动计划表，也很少有按计划执行的时候。

在家庭学习方面，妈妈几乎不会在旁边看着，全靠孩子自主进行。"作业做完了吗？"妈妈虽然这么问了，但是也不会追究孩子到底做没做。无规律妈妈的孩子由于没有人强迫他们学习，有兴趣的时候就学一学，没兴趣的时候就干脆不学。所以他们学习的时间没有规律，变化无常。而且，即使他们坐到了书桌前也心神不定，不一会儿就会产生厌倦。

这么说来，无规律妈妈是离超级妈妈距离最远的类型。她们最有必要重新审视自己的生活。首先从制定时间表开始，渐渐地养成习惯，一点点地提高自己注意力集中的能力吧。

第三节 在陪跑过程中,家长应该做到10条

第一条,批评完孩子之后一定要加倍表扬。

照顾孩子的情绪是我们和孩子沟通的第一步。我们常常因为孩子磨磨蹭蹭或者做事马马虎虎而批评他们。对于孩子来讲,学习是一件苦差事,他们很难从中找到乐趣,如果在这个过程中还要忍受家长的批评指责,那就别指望他们能从中获得什么乐趣了。

所以,永远记得,表扬是特效药。没有孩子不喜欢表扬,很多孩子为了得到表扬,得到奖赏,也会把习惯坚持下去,即使他们讨厌学习,但他们仍然愿意为了做正确的事情而去努力。我们家长又何尝不是如此呢?生活中的事往往大多都不如意,但是我们依然选择坚持下去,不是我们从中感受到了快乐,而是我们必须去做正确的事情,去做我们应该做的事情。对于孩子,要尽早让他们知道这一点。

第二条,和孩子一起坚持到底。

当孩子在和枯燥的作业"交战"的时候,妈妈却在一旁舒适地看着电视,玩着手机,这对孩子来讲是不公平的。孩子会觉得为什么只有自己才要面对那些讨厌的事情,如此一想,他们就没有学习的兴趣了。

为了让学习的过程不那么枯燥乏味,让孩子感受到妈妈也在和他一样做着让人厌烦的事情是很重要的。往往,当妈妈们能和孩子一同学习时,孩子就会降低对学习的抵触,他们就能静下心来从中体会到学习的乐

趣了。

第三条，明确时间点和任务量。

我们前面在讲述提升孩子的专注力的时候，就讲到要让孩子明白在明确的时间内完成多少任务。最好准备一个计时器，给孩子明确的时间范围，好让他们集中精力，在这一段时间内完成任务。一定要灌输给孩子准确的时间观念，让他们明白一天、一个小时、一分钟的概念，养成按照时间段分割任务的习惯。

通常来讲，那些有兴趣的事情，孩子做起来会觉得时间过得非常快，而自己不感兴趣的事情做起来就觉得时间过得很慢。依靠自己的感觉来判断时间的长短是不准确的。所以，孩子具有良好的时间概念对于他们养成规律的习惯非常重要。

第四条，养成有规律的作息。

从婴儿时期起，那些有规律作息的婴儿就比无规律作息的婴儿要好带得多，会更让爸爸妈妈省心。而学龄期的孩子拥有固定的作息时间也更容易在其他方面做得优秀。在固定的时间起床、吃饭、睡觉，这些都是日常的行为习惯。

让他们形成了优良的行为作息，才有可能把其他时间，比如学习、锻炼、阅读等时间安排得更加有序。

第五条，不要在孩子学习的时候看电视、玩手机。

这是我们在很多章节中都反复强调过的，不要在孩子学习的时候给他们做坏榜样。如果实在想看，可以选择多种解决方式，比如，把想看的节目保存下来，换孩子休息的时间再看。如果不是非常重要的事情，不要在孩子面前玩手机，除非是很紧急的电话，或者让孩子看到妈妈在处理工作上的事情。

孩子是家长的一面镜子，孩子什么样，一定程度上也折射出家长的状态。所以，在家长抱怨孩子不好好学习之前，首先审视一下自己做得够不够好。只有认真陪伴孩子，才能让孩子感受到"妈妈总是和我一起"，这才是高质量的陪伴。

第六条，经常询问孩子有什么新鲜事。

这么问的第一个好处是孩子会觉得妈妈每天都在关心他，妈妈是好朋友，是可以和自己互通知心话的理想对象。关心孩子就要有关心孩子的由头，关心他每天碰到什么新鲜事物，和孩子一起分享每天的经历和体会。

可以问问孩子学校里发生了什么事情，和小朋友们相处得好不好，看到了哪些在家里看不到的事情，或者其他小朋友有什么问题。通过这种关心，很容易及时发现孩子在学习和生活中遇到的困难，父母才好及时帮助孩子解决。

第七条，适当的奖励。

学习对多数孩子来讲是一件苦差事，如果得不到及时的回应，对那些喜欢得到而不喜欢失去的孩子来讲就更加不能接受了。

所以，学习结束可以吃一个冰激凌，完成今天的作业可以看一小时电视，如果今天的作业做得全对可以玩半小时游戏的奖励既可以让孩子放松，又可以提高孩子的学习积极性，让学习的过程不再那么痛苦。

但是一定要注意适可而止。

第八条，让孩子在家长可见的范围内活动。

有条件的家庭可以随处摆放书桌，最好在客厅也摆放一张书桌，这样方便孩子随时随地学习。对于小一点儿的孩子，让孩子在家长的眼皮底下学习是必须的。如果放任孩子在自己的房间，就等于告诉孩子，爸爸妈妈看不到，我干什么都可以。只有等孩子上中学以后，有一定的自制力了，再让孩子在独立的空间学习。

让孩子在家长看得见的范围内学习，会让孩子有一种紧张感，来促使他们集中精力，尽快地完成学习任务。

第九条，每天坚持学习一点儿东西。

正如我们在前面"微习惯"一章中所讲的，每天坚持一点点，直到微习惯养成，最终变成受用终身的习惯。无论家长还是孩子，都要养成每天学习一点儿的好习惯。试想一下，一个运动员，如果停止训练一段时间，那他恢复训练所花的时间将会是休息时间的三倍。

学习上停滞，把好不容易养成的习惯中断了，想要恢复过来就需要很坚强的意志。人都是有惰性的，不要放松精神上的管制，养成每天学习一点儿东西的习惯，不要半途而废，否则就会经常半途而废。

第十条，把痛苦的事情习惯化。

很多人觉得高三的同学苦，觉得衡水中学的学生苦，但是他们自己却从来不觉得。为什么呢？因为他们每天都如此，每个人都如此。当大家每天都在重复着同一件事情，没有其他事情来干扰的时候，学习已经成为一种大家都遵循的习惯。习惯会让学习的痛苦减轻，会让大家感觉不到其中的辛苦。

所以，为什么要养成习惯？就是要把学习当成像洗脸、刷牙这样的习惯来进行，长此以往，你就不会觉得辛苦了。试想一下，小孩子刚开始学习刷牙的时候，他会不会有抵触？但是，家长能让孩子把刷牙这样的习惯坚持下来，陪伴孩子一生。同样，让学习这样的习惯也一直陪伴在孩子身边吧，像监督刷牙一样监督孩子的学习，让学习成为孩子生活的一部分，那么孩子就不会感觉学习有多痛苦了。

第四节　家长放轻松，孩子的路终归要他自己走

教育学上有一个著名的案例，叫作"罗森塔尔效应"。罗森塔尔效应是哈佛大学的心理学教授罗森塔尔发现的，他和助手来到一所小学，从一至六年级各班中选了18个班，宣称要对班里学生进行"未来发展趋势测验"。之后，罗森塔尔以赞赏的口吻将一份占总人数20%的"最有发展前途者"的名单交给了校长和老师。

8个月后，他们再次来到这所小学，对那18个班的学生进行复试。奇迹出现了，凡是上了名单的学生，个个成绩都有了很大提高，且性格活泼开朗，自信心强，求知欲旺盛。

其实，那份"最有发展前途者"的名单只是罗森塔尔随机挑选的，不过这个谎言对老师产生了心理暗示，在这8个月里，老师又通过语言和行为把暗示传递给了学生，学生才取得了异乎寻常的进步！

后来，人们就把这种由于他人的期望，使行为发生与期望趋于一致的变化的情况称为"罗森塔尔效应"。

教育家丽塔·皮尔森在《每个孩子都需要一个冠军》的演讲里，提到了一段经历，便是对"罗森塔尔效应"的运用。

丽塔·皮尔森曾教过一个最差的班级，这个班学生的学术素养差到她想哭，丽塔·皮尔森的方法是告诉这些孩子："你们进了我的班级，因为我是最好的老师，而你们是最好的学生，他们把我们放在一起是为了给其

他人做个好榜样。"

有学生问:"是真的吗?"

丽塔·皮尔森说:"当然是真的。我们要给其他班级做个榜样,当我们走在楼道里,因为大家都会注意到我们,我们不能吵闹,大家要昂首阔步。"

她给了这些孩子一个人设:"我是个人物。我来的时候是个人物,我毕业的时候会变成一个更好的人物。我很有力,很强大,我值得在这里受教育。"

结果呢?9个月后,这些被称为人物的孩子们发生了翻天覆地的变化,他们真的越来越像一个优秀的人物!

给孩子一个感觉自己被信任的人设。

你可以把孩子想象成一个初出道的小明星,而你就像是他的经纪人。这位小明星对自己能力的认知是模糊的,他不知道哪些事能做好,以及好到什么程度。再加上刚出道,心里多少有点儿虚,畏难情绪比较重。

认知模糊+心虚呈现出来的状态就是我们看到的不用心,不尽力,马马虎虎,敷衍了事。作为经纪人,我们要做的不外乎是明确他的认知,肯定他的能力,给他吃颗定心丸,明确地告诉他你的人设是什么,你可以做到哪一步,他就会安心朝这个方向努力。

有的家长的做法是斥责:"看看你自己做的,你要把这样的作业交到学校去吗?"这带着强烈否定意味的句子只会让孩子更不想做好,破罐子破摔。

让我们试试换一种方法,给孩子一个感觉自己被信任的人设,直接把他放到你所期许的那个位置上去:"不是吧,在妈妈眼里,你可是个很有耐心的小朋友,这些潦草的图画一点儿都不像你的水平画出的!"

孩子可能不会马上做出改变,或许撇撇嘴对你的话不置可否。但其实他们是听进去了的（对认可自己、肯定自己的话，人总是特别容易听进去），不必急于一时，多说几次，就会出现变化。

当我们和孩子一起探讨时间管理表时，孩子也许根本就不相信自己能够完成。他可能会打退堂鼓，可能会说："我以前从来没有这么做过，我能做到吗？"这时候，家长一定要给孩子一个感到自己被信任的人设，鼓励孩子："你这么勇敢，你这么不怕困难，以前比这难的事情你都做到了，你长大了，一定能做到的。"

这样的人设就是孩子的定心丸，无论他遇到什么困难或者阻力，孩子会自己告诫自己"我能做到"。这样的人设不仅能帮助孩子克服前进道路上的阻碍，也能在孩子实行时间管理过程中产生自主向前的内驱力，帮助他们更快、更好地完成任务。

放开手，让孩子走一条从自我认知到自我管理的道路。

孩子从自我认知到自我管理需要一定时期的训练和培养，也伴随孩子的自然成长发展。在这个时期，家长需要用爱和陪伴来帮助孩子走完从自我认知到自我管理的过程。

孩子的自我认知是需要语言来培养的。没有人先天就对自己了解得清楚，有许多人到了中年依旧懵懵懂懂，说不清自己的状态。自我认知，首先需要有一种"向内看"的习惯，就好像一盏内在探照灯，时不时照一照自己。

当父母和孩子对话的时候，应经常用提示性问题和提示性语言让孩子关注他的自我状态，时间久了，孩子会把这样的思维和表达固定为自己的习惯。

自我要求则在自我认知的基础上，增强了自我掌控的主动性。有自我要求的孩子对自身能力有自豪感，而且能做到自我控制。孩子在很小的时候并不确定自己是不是擅长学习，擅长哪方面学习，因此不容易产生对学习的积极性，父母就需要潜移默化地让孩子感受到"我能行，我很擅长学习"，从而让孩子对于自我成就有自豪和期待。想让孩子产生这种自豪感，也需要父母和孩子进行对话。

  这个世界上，其实所有小孩子的认知进步轨迹都是差不多的。区别只在于，一部分孩子懵懵懂懂就长大了，另一部分孩子意识到自己的进步，并感觉"我好棒"，而且将进步归因于"是因为我自己努力想办法"。人格研究中曾发现，一个稳定高自尊的人会把成功归因于自身稳定性因素。

  我们期望达到的状态是，孩子并不是因为父母的威吓、新年的糖果、玩耍的自由、严苛的时间表而努力写作业，而是为了他们对自我成就的期待而努力。后者是由内而外的动力，持久不息的原动力。

  想达到这样的目标，我们需要从很小的时候开始让孩子建立"我能行""我努力就会更棒"的底层信念。这并不是容易建立起来的信念，它要求孩子多次体会到自己努力和成就的联系，才能慢慢建立起信念。

  最终，如果我们能把所有这些润物无声的对孩子自我的培养汇聚转变成为他们的自我激励，那么在未来长久的人生路上，孩子会走得自主得多，也会渐渐学会自我管理，对什么事情都能做到心中有数。

参考文献

1. [日]高取志津香、日本NPO法人JAM网编著:《忍住!别插手!让孩子独立的自我管理课:合理安排时间》,李俊译,九州出版社2018年版。

2. [美]帕梅拉·埃斯佩兰德、伊丽莎白·沃迪克著,史蒂夫·马克绘:《做事磨蹭怎么办》,安芳译,云南出版集团晨光出版社2018年版。

3. [韩]崔星美著,崔海英绘:《谁偷走了我的时间呢》,胡玥名译,北京少年儿童出版社2015年版。

4. [日]铃木博道主编,中烟千弘著:《优秀儿童的时间管理秘诀》,祁焱译,漓江出版社2017年版。

5. [美]斯蒂芬·盖斯:《微习惯:简单到不可能失败的自我管理法则》,桂君译,江西人民出版社2016年版。

6. [美]史蒂芬·柯维:《高效能人士的七个习惯》,高新勇、王亦兵、葛雪蕾译,中国青年出版社2018年版。

7. 刘乙了:《5步儿童时间管理法》,机械工业出版社2019年版。

8. 钟思嘉、王宏、李飞、雨露:《儿童时间管理训练手册》,清华大学出版社2018年版。

9. 雨露:《儿童时间管理内驱力手册》,清华大学出版社2019年版。